Langenscheidt

Verb-Tabellen
Italienisch

Konzeption: Dr. Herrmann Willers

bearbeitet von Susanne Leeb

Langenscheidt

Berlin · München · Wien · Zürich · New York

Herausgegeben von der Langenscheidt Redaktion
Konzeption: Dr. Herrmann Willers
bearbeitet von Susanne Leeb, M. A.

5. 6. 7. 8. 9. * 09 08 07 06 05

© 2000 Langenscheidt KG, Berlin und München
Druck: Druckhaus Langenscheidt, Berlin-Schöneberg
Printed in Germany · ISBN 3-468-34182-2

Inhaltsverzeichnis

Erklärung der grammatischen Bezeichnungen

ausil.	**verbo ausiliare** Hilfszeitwort: **avere** od. **ẹssere**
condizionale	Konditional I (Erste Bedingungsform): **comprerei** ich würde kaufen
cond. pass.	**condizionale passato** Konditional II (Zweite Bedingungsform): **avrei comprato** ich würde gekauft haben
congiuntivo	Konjunktiv (Möglichkeitsform): **se avẹssimo** wenn wir hätten
futuro	Futur I (Erste Zukunft): **comprerò** ich werde kaufen
fut. ant.	**futuro anteriore** Futur II (Zweite Zukunft): **avrò comprato** ich werde gekauft haben
gerundio	Gerundium: **comprando** kaufend
gerundio pass.	**gerundio passato** Gerundium Perfekt: **avendo comprato** gekauft habend
imperativo	Imperativ (Befehlsform): **compra!** kauf(e)!
imperfetto	Imperfekt (Vergangenheit): **compravo** ich kaufte
indicativo	Indikativ (Wirklichkeitsform): **comprai** ich kaufte
infinito	Infinitiv (Grundform): **comprare** kaufen
infinito pass.	**infinito passato** Infinitiv Perfekt (Grundform der Vergangenheit): **aver(e) comprato** gekauft haben
participio	Partizip (Mittelwort): **comprato** gekauft
pass. pross.	**passato prọssimo** Perfekt (vollendete Gegenwart): **ho comprato** ich habe gekauft
pass. rem.	**passato remoto** Präteritum (historisches Perfekt): **comprammo** wir kauften
presente	Präsens (Gegenwart): **compro** ich kaufe
trapass. pross.	**trapassato prọssimo** Plusquamperfekt (Vergangenheit): **avevo comprato** ich hatte gekauft
trapass. rem.	**trapassato remoto** Antepräteritum (historische Vergangenheit): **ebbi comprato** ich hatte gekauft
tempi composti	Zusammengesetzte Zeiten
tempi semplici	Einfache Zeiten

Betonung: Wenn die Betonung eines Wortes nicht auf die vorletzte Silbe fällt, wird sie durch einen Unterpunkt gekennzeichnet.

Akzent: accento grave: à, ì, ù
è, ò (offene Aussprache, wie in ändern, Norden)
accento acuto: é, ó (geschlossene Aussprache, wie in See, Moor)

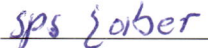 *sps* {*ober*

avere *haben* avoir Frz.

Hilfsverben

tempi semplici

Indicativo

presente	imperfetto	pass. rem.	futuro
ho	avevo	ebbi	avrò
hai	avevi	avesti	avrai
ha	aveva	ebbe	avrà
abbiamo	avevamo	avemmo	avremo
avete	avevate	aveste	avrete
hanno	avevano	ebbero	avranno

Congiuntivo

presente	imperfetto	Imperativo	Condizionale presente
abbia	avessi	—	avrei
abbia	avessi	abbi	avresti
abbia	avesse	abbia	avrebbe
abbiamo	avessimo	abbiamo	avremmo
abbiate	aveste	abbiate	avreste
abbiano	avessero	abbiano	avrebbero

infinito: avere **gerundio:** avendo **participio:** avuto (+ avere)

tempi composti

Indicativo

pass. pross.	trapass. pross.	trapass. rem.	fut. ant.
ho avuto	avevo avuto	ebbi avuto	avrò avuto
hai avuto	avevi avuto	avesti avuto	avrai avuto
ha avuto	aveva avuto	ebbe avuto	avrà avuto
abbiamo avuto	avevamo avuto	avemmo avuto	avremo avuto
avete avuto	avevate avuto	aveste avuto	avrete avuto
hanno avuto	avevano avuto	ebbero avuto	avranno avuto

Congiuntivo

passato	trapassato	Imperativo	Condizionale passato
abbia avuto	avessi avuto	—	avrei avuto
abbia avuto	avessi avuto	—	avresti avuto
abbia avuto	avesse avuto	—	avrebbe avuto
abbiamo avuto	avessimo avuto	—	avremmo avuto
abbiate avuto	aveste avuto	—	avreste avuto
abbiano avuto	avessero avuto	—	avrebbero avuto

infinito pass.: aver(e) avuto **gerundio pass.:** avendo avuto

span. ser **essere** *sein* *être Frz.*

tempi semplici

Indicativo

presente	imperfetto	pass. rem.	futuro
sono	ero	fui	sarò
sei	eri	fosti	sarai
è	era	fu	sarà
siamo	eravamo	fummo	saremo
siete	eravate	foste	sarete
sono	erano	furono	saranno

Congiuntivo		Imperativo	Condizionale
presente	imperfetto		presente
sia	fossi	—	sarei
sia	fossi	sii	saresti
sia	fosse	sia	sarebbe
siamo	fossimo	siamo	saremmo
siate	foste	siate	sareste
siano	fossero	siano	sarebbero

infinito: essere **gerundio:** essendo **participio:** stato (+ essere)

tempi composti

Indicativo

pass. pross.	trapass. pross.	trapass. rem.	fut. ant.
sono stato/-a	ero stato/-a	fui stato/-a	sarò stato/-a
sei stato/-a	eri stato/-a	fosti stato/-a	sarai stato/-a
è stato/-a	era stato/-a	fu stato/-a	sarà stato/-a
siamo stati/-e	eravamo stati/-e	fummo stati/-e	saremo stati/-e
siete stati/-e	eravate stati/-e	foste stati/-e	sarete stati/-e
sono stati/-e	erano stati/-e	furono stati/-e	saranno stati/-e

Congiuntivo		Imperativo	Condizionale
passato	trapassato		passato
sia stato/-a	fossi stato/-a	—	sarei stato/-a
sia stato/-a	fossi stato/-a	—	saresti stato/-a
sia stato/-a	fosse stato/-a	—	sarebbe stato/-a
siamo stati/-e	fossimo stati/-e	—	saremmo stati/-e
siate stati/-e	foste stati/-e	—	sareste stati/-e
siano stati/-e	fossero stati/-e	—	sarebbero stati/-e

infinito pass.: esser(e) stato **gerundio pass.:** essendo stato

dovere *müssen* devoir Frz.

Indicativo

presente	imperfetto	pass. rem.	futuro
devo (debbo)	dovevo	dovei (-etti)	dovrò
devi	dovevi	dovesti	dovrai
deve	doveva	dové (-ette)	dovrà
dobbiamo	dovevamo	dovemmo	dovremo
dovete	dovevate	doveste	dovrete
devono (debbono)	dovevano	doverono (-ettero)	dovranno

Congiuntivo

presente	imperfetto	Imperativo	Condizionale presente
debba	dovessi	—	dovrei
debba	dovessi	—	dovresti
debba	dovesse	—	dovrebbe
dobbiamo	dovessimo	—	dovremmo
dobbiate	doveste	—	dovreste
debbano	dovessero	—	dovrebbero

infinito: dovere **gerundio:** dovendo **participio:** dovuto (+ avere/essere)

potere *können* pouvoir Frz

Indicativo

presente	imperfetto	pass. rem.	futuro
posso	potevo	potei	potrò
puoi	potevi	potesti	potrai
può	poteva	poté	potrà
possiamo	potevamo	potemmo	potremo
potete	potevate	poteste	potrete
possono	potevano	poterono	potranno

Congiuntivo

presente	imperfetto	Imperativo	Condizionale presente
possa	potessi	—	potrei
possa	potessi	—	potresti
possa	potesse	—	potrebbe
possiamo	potessimo	—	potremmo
possiate	poteste	—	potreste
possano	potessero	—	potrebbero

infinito: potere **gerundio:** potendo **participio:** potuto (+ avere/essere)

Hilfsverben

volere *wollen* vouloir Fr.

Indicativo

presente	imperfetto	pass. rem.	futuro
voglio	volevo	volli	vorrò
vuoi	volevi	volesti	vorrai
vuole	voleva	volle	vorrà
vogliamo	volevamo	volemmo	vorremo
volete	volevate	voleste	vorrete
vogliono	volevano	vollero	vorranno

Congiuntivo

presente	imperfetto	Imperativo	Condizionale presente
voglia	volessi	—	vorrei
voglia	volessi	vogli	vorresti
voglia	volesse	voglia	vorrebbe
vogliamo	volessimo	vogliamo	vorremmo
vogliate	voleste	vogliate	vorreste
vogliano	volessero	vogliano	vorrebbero

infinito: volere **gerundio:** volendo **participio:** voluto (+ avere/essere)

comprare *kaufen* ~~adeter~~ ~~r-r2.~~

tempi semplici

Indicativo

presente	imperfetto	pass. rem.	futuro
compro	compravo	comprai	comprerò
compri	compravi	comprasti	comprerai
compra	comprava	comprò	comprerà
compriamo	compravamo	comprammo	compreremo
comprate	compravate	compraste	comprerete
comprano	compravano	comprarono	compreranno

Congiuntivo / Imperativo / Condizionale

presente	imperfetto	Imperativo	presente
compri	comprassi	—	comprerei
compri	comprassi	compra	compreresti
compri	comprasse	compri	comprerebbe
compriamo	comprassimo	compriamo	compreremmo
compriate	compraste	comprate	comprereste
comprino	comprassero	comprino	comprerebbero

infinito: compr**are** gerundio: compra**ndo** participio: comprato (+ avere)

tempi composti

Indicativo

pass. pross.	trapass. pross.	trapass. rem.	fut. ant.
ho comprato	avevo comprato	ebbi comprato	avrò comprato
hai comprato	avevi comprato	avesti comprato	avrai comprato
ha comprato	aveva comprato	ebbe comprato	avrà comprato
abbiamo comprato	avevamo comprato	avemmo comprato	avremo comprato
avete comprato	avevate comprato	aveste comprato	avrete comprato
hanno comprato	avevano comprato	ebbero comprato	avranno comprato

Congiuntivo / Imperativo / Condizionale

passato	trapassato	Imperativo	passato
abbia comprato	avessi comprato	—	avrei comprato
abbia comprato	avessi comprato	—	avresti comprato
abbia comprato	avesse comprato	—	avrebbe comprato
abbiamo comprato	avessimo comprato	—	avremmo comprato
abbiate comprato	aveste comprato	—	avreste comprato
abbiano comprato	avessero comprato	—	avrebbero comprato

infinito pass.: avere comprato gerundio pass.: avendo comprato

cercare *suchen* chercher Frz.

Stammauslaut **c** wird vor **e** und **i** zu **ch**

Indicativo

presente	imperfetto	pass. rem.	futuro
cerco	cercavo	cercai	cercherò
cerchi	cercavi	cercasti	cercherai
cerca	cercava	cercò	cercherà
cerchiamo	cercavamo	cercammo	cercheremo
cercate	cercavate	cercaste	cercherete
cercano	cercavano	cercarono	cercheranno

Congiuntivo / Imperativo / Condizionale

presente	imperfetto	Imperativo	presente
cerchi	cercassi	—	cercherei
cerchi	cercassi	cerca	cercheresti
cerchi	cercasse	cerchi	cercherebbe
cerchiamo	cercassimo	cerchiamo	cercheremmo
cerchiate	cercaste	cercate	cerchereste
cerchino	cercassero	cerchino	cercherebbero

infinito: cercare   **gerundio:** cercando   **participio:** cercato (+ avere)

pagare *zahlen* payer Frz.

Stammauslaut **g** wird vor **e** und **i** zu **gh**

Indicativo

presente	imperfetto	pass. rem.	futuro
pago	pagavo	pagai	pagherò
paghi	pagavi	pagasti	pagherai
paga	pagava	pagò	pagherà
paghiamo	pagavamo	pagammo	pagheremo
pagate	pagavate	pagaste	pagherete
pagano	pagavano	pagarono	pagheranno

Congiuntivo / Imperativo / Condizionale

presente	imperfetto	Imperativo	presente
paghi	pagassi	—	pagherei
paghi	pagassi	paga	pagheresti
paghi	pagasse	paghi	pagherebbe
paghiamo	pagassimo	paghiamo	pagheremmo
paghiate	pagaste	pagate	paghereste
paghino	pagassero	paghino	pagherebbero

infinito: pagare   **gerundio:** pagando   **participio:** pagato (+ avere)

baciare *küssen*

i entfällt, wenn ein zweites **i** oder ein **e** folgt.

Indicativo

presente	imperfetto	pass. rem.	futuro
bacio	baciavo	baciai	bacerò
baci	baciavi	baciasti	bacerai
bacia	baciava	baciò	bacerà
baciamo	baciavamo	baciammo	baceremo
baciate	baciavate	baciaste	bacerete
baciano	baciavano	baciarono	baceranno

Congiuntivo · Imperativo · Condizionale

presente	imperfetto	Imperativo	presente
baci	baciassi	—	bacerei
baci	baciassi	bacia	baceresti
baci	baciasse	baci	bacerebbe
baciamo	baciassimo	baciamo	baceremmo
baciate	baciaste	baciate	bacereste
bacino	baciassero	bacino	bacerebbero

infinito: baciare **gerundio:** baciando **participio:** baciato (+ avere)

mangiare *essen* manger Frz.

i entfällt, wenn ein zweites **i** oder ein **e** folgt.

Indicativo

presente	imperfetto	pass. rem.	futuro
mangio	mangiavo	mangiai	mangerò
mangi	mangiavi	mangiasti	mangerai
mangia	mangiava	mangiò	mangerà
mangiamo	mangiavamo	mangiammo	mangeremo
mangiate	mangiavate	mangiaste	mangerete
mangiano	mangiavano	mangiarono	mangeranno

Congiuntivo · Imperativo · Condizionale

presente	imperfetto	Imperativo	presente
mangi	mangiassi	—	mangerei
mangi	mangiassi	mangia	mangeresti
mangi	mangiasse	mangi	mangerebbe
mangiamo	mangiassimo	mangiamo	mangeremmo
mangiate	mangiaste	mangiate	mangereste
mangino	mangiassero	mangino	mangerebbero

infinito: mangiare **gerundio:** mangiando **participio:** mangiato (+ avere)

abitare *wohnen*

Indicativo

presente	imperfetto	pass. rem.	futuro
abito	abitavo	abitai	abiterò
abiti	abitavi	abitasti	abiterai
abita	abitava	abitò	abiterà
abitiamo	abitavamo	abitammo	abiteremo
abitate	abitavate	abitaste	abiterete
abitano	abitavano	abitarono	abiteranno

Congiuntivo — Imperativo — Condizionale

presente	imperfetto	Imperativo	presente
abiti	abitassi	—	abiterei
abiti	abitassi	abita	abiteresti
abiti	abitasse	abiti	abiterebbe
abitiamo	abitassimo	abitiamo	abiteremmo
abitiate	abitaste	abitate	abitereste
abitino	abitassero	abitino	abiterebbero

infinito: abitare **gerundio:** abitando **participio:** abitato (+ avere)

---

andare *gehen* aller Fr.

Indicativo

presente	imperfetto	pass. rem.	futuro
vado	andavo	andai	andrò
vai	andavi	andasti	andrai
va	andava	andò	andrà
andiamo	andavamo	andammo	andremo
andate	andavate	andaste	andrete
vanno	andavano	andarono	andranno

Congiuntivo — Imperativo — Condizionale

presente	imperfetto	Imperativo	presente
vada	andassi	—	andrei
vada	andassi	va'/vai/va	andresti
vada	andasse	vada	andrebbe
andiamo	andassimo	andiamo	andremmo
andiate	andaste	andate	andreste
vadano	andassero	vadano	andrebbero

infinito: andare **gerundio:** andando **participio:** andato (+ essere)

collaborare *mitarbeiten*

Indicativo

presente	imperfetto	pass. rem.	futuro
collaboro	collaboravo	collaborai	collaborerò
collabori	collaboravi	collaborasti	collaborerai
collabora	collaborava	collaborò	collaborerà
collaboriamo	collaboravamo	collaborammo	collaboreremo
collaborate	collaboravate	collaboraste	collaborerete
collaborano	collaboravano	collaborarono	collaboreranno

Congiuntivo

presente	imperfetto	Imperativo	Condizionale presente
collabori	collaborassi	—	collaborerei
collabori	collaborassi	collabora	collaboreresti
collabori	collaborasse	collabori	collaborerebbe
collaboriamo	collaborassimo	collaboriamo	collaboreremmo
collaboriate	collaboraste	collaborate	collaborereste
collaborino	collaborassero	collaborino	collaborerebbero

infinito: collaborare   **gerundio:** collaborando
participio: collaborato (+ avere)

dare *geben* donner Frz

Indicativo

presente	imperfetto	pass. rem.	futuro
do	davo	diedi	darò
dai	davi	desti	darai
dà	dava	diede	darà
diamo	davamo	demmo	daremo
date	davate	deste	darete
danno	davano	diedero	daranno

Congiuntivo

presente	imperfetto	Imperativo	Condizionale presente
dia	dessi	—	darei
dia	dessi	da'/dai	daresti
dia	desse	cia	darebbe
diamo	dessimo	ciamo	daremmo
diate	deste	cate	dareste
diano	dessero	ciano	darebbero

infinito: dare   **gerundio:** dando   **participio:** dato (+ avere)

inviare *schicken*

Die auf **i** betonten Formen der Verben auf **–iare** behalten das **i** bei,
auch wenn ein weiteres **i** folgt.

Indicativo

presente	imperfetto	pass. rem.	futuro
invio	inviavo	inviai	invierò
invii	inviavi	inviasti	invierai
invia	inviava	inviò	invierà
inviamo	inviavamo	inviammo	invieremo
inviate	inviavate	inviaste	invierete
inviano	inviavano	inviarono	invieranno

Congiuntivo

presente	imperfetto	Imperativo	Condizionale presente
invii	inviassi	—	invierei
invii	inviassi	invia	invieresti
invii	inviasse	invii	invierebbe
inviamo	inviassimo	inviamo	invieremmo
inviate	inviaste	inviate	inviereste
inviino	inviassero	inviino	invierebbero

infinito: inviare   **gerundio:** inviando   **participio:** inviato (+ avere)

pigliare *ergreifen*

i entfällt, wenn ein zweites **i** folgt. Ebenso alle Verben auf **–gliare**, **–ziare** und **–chiare**.

Indicativo

presente	imperfetto	pass. rem.	futuro
piglio	pigliavo	pigliai	piglierò
pigli	pigliavi	pigliasti	piglierai
piglia	pigliava	pigliò	piglierà
pigliamo	pigliavamo	pigliammo	piglieremo
pigliate	pigliavate	pigliaste	piglierete
pigliano	pigliavano	pigliarono	piglieranno

Congiuntivo

presente	imperfetto	Imperativo	Condizionale presente
pigli	pigliassi	—	piglierei
pigli	pigliassi	piglia	piglieresti
pigli	pigliasse	pigli	piglierebbe
pigliamo	pigliassimo	pigliamo	piglieremmo
pigliate	pigliaste	pigliate	pigliereste
piglino	pigliassero	piglino	piglierebbero

infinito: pigliare   **gerundio:** pigliando   **participio:** pigliato (+ avere)

stare *stehen*

Indicativo

presente	imperfetto	pass. rem.	futuro
sto	stavo	stetti	starò
stai	stavi	stesti	starai
sta	stava	stette	starà
stiamo	stavamo	stemmo	staremo
state	stavate	steste	starete
stanno	stavano	stettero	staranno

Congiuntivo

presente	imperfetto
stia	stessi
stia	stessi
stia	stesse
stiamo	stessimo
stiate	steste
stiano	stessero

Imperativo

—
sta'/stai
stia
stiamo
state
stiano

Condizionale

presente

starei
staresti
starebbe
staremmo
stareste
starebbero

infinito: stare   **gerundio:** stando   **participio:** stato (+ essere)

vendere *verkaufen*

tempi semplici

Indicativo

presente	imperfetto	pass. rem.	futuro
vendo	vendevo	vendei (-etti)	venderò
vendi	vendevi	vendesti	venderai
vende	vendeva	vendę (-ette)	venderà
vendiamo	vendevamo	vendemmo	venderemo
vendete	vendevate	vendeste	venderete
vęndono	vendęvano	vendęrono (-ęttero)	venderanno

Congiuntivo		Imperativo	Condizionale
presente	imperfetto		presente
venda	vendessi	—	venderei
venda	vendessi	vendi	venderesti
venda	vendesse	venda	venderebbe
vendiamo	vendęssimo	vendiamo	venderemmo
vendiate	vendeste	vendete	vendereste
vęndano	vendęssero	vęndano	venderębbero

infinito: vęndere **gerundio:** vendendo **participio:** venduto (+ avere)

tempi composti

Indicativo

pass. pross.	trapass. pross.	trapass. rem.	fut. ant.
ho venduto	avevo venduto	ebbi venduto	avrò venduto
hai venduto	avevi venduto	avesti venduto	avrai venduto
ha venduto	aveva venduto	ebbe venduto	avrà venduto
abbiamo venduto	avevamo venduto	avemmo venduto	avremo venduto
avete venduto	avevate venduto	aveste venduto	avrete venduto
hanno venduto	avęvano venduto	ębbero venduto	avranno venduto

Congiuntivo		Imperativo	Condizionale
passato	trapassato		passato
abbia venduto	avessi venduto	—	avrei venduto
abbia venduto	avessi venduto	—	avresti venduto
abbia venduto	avesse venduto	—	avrebbe venduto
abbiamo venduto	avęssimo venduto	—	avremmo venduto
abbiate venduto	aveste venduto	—	avreste venduto
ąbbiano venduto	avęssero venduto	—	avrębbero venduto

infinito pass.: avere venduto **gerundio pass.:** avendo venduto

bere *trinken*

Indicativo

presente	imperfetto	pass. rem.	futuro
bevo	bevevo	bevvi	berrò
bevi	bevevi	bevesti	berrai
beve	beveva	bevve	berrà
beviamo	bevevamo	bevemmo	berremo
bevete	bevevate	beveste	berrete
bevono	bevevano	bevvero	berranno

Congiuntivo		**Imperativo**	**Condizionale**
presente	imperfetto		presente
beva	bevessi	—	berrei
beva	bevessi	bevi	berresti
beva	bevesse	beva	berrebbe
beviamo	bevessimo	beviamo	berremmo
beviate	beveste	bevete	berreste
bevano	bevessero	bevano	berrebbero

infinito: bere   **gerundio:** bevendo   **participio:** bevuto (+ avere)

cadere *fallen*

Indicativo

presente	imperfetto	pass. rem.	futuro
cado	cadevo	caddi	cadrò
cadi	cadevi	cadesti	cadrai
cade	cadeva	cadde	cadrà
cadiamo	cadevamo	cademmo	cadremo
cadete	cadevate	cadeste	cadrete
cadono	cadevano	caddero	cadranno

Congiuntivo		**Imperativo**	**Condizionale**
presente	imperfetto		presente
cada	cadessi	—	cadrei
cada	cadessi	cadi	cadresti
cada	cadesse	cada	cadrebbe
cadiamo	cadessimo	cadiamo	cadremmo
cadiate	cadeste	cadete	cadreste
cadano	cadessero	cadano	cadrebbero

infinito: cadere   **gerundio:** cadendo   **participio:** caduto (+ essere)

condurre *führen*

Zusammengezogen aus lat.: *conducere*.

Indicativo

presente	imperfetto	pass. rem.	futuro
conduco	conducevo	condussi	condurrò
conduci	conducevi	conducesti	condurrai
conduce	conduceva	condusse	condurrà
conduciamo	conducevamo	conducemmo	condurremo
conducete	conducevate	conduceste	condurrete
conducono	conducevano	condussero	condurranno

Congiuntivo

presente	imperfetto	Imperativo	Condizionale presente
conduca	conducessi	—	condurrei
conduca	conducessi	conduci	condurresti
conduca	conducesse	conduca	condurrebbe
conduciamo	conducessimo	conduciamo	condurremmo
conduciate	conduceste	conducete	condurreste
conducano	conducessero	conducano	condurrebbero

infinito: condurre **gerundio:** conducendo **participio:** condotto (+ avere)

cuocere *kochen*

Betontes Stamm **–uo** wird in unbetonten Silben zu **o**.
Vor Endungen mit **–a** und **–o** wird ein **–i** eingefügt.

Indicativo

presente	imperfetto	pass. rem.	futuro
cuocio	c(u)ocevo	cossi	c(u)ocerò
cuoci	c(u)ocevi	c(u)ocesti	c(u)ocerai
cuoce	c(u)oceva	cosse	c(u)ocerà
c(u)ociamo	c(u)ocevamo	c(u)ocemmo	c(u)oceremo
c(u)ocete	c(u)ocevate	c(u)oceste	c(u)ocerete
cuociono	c(u)ocevano	cossero	c(u)oceranno

Congiuntivo

presente	imperfetto	Imperativo	Condizionale presente
cuocia	c(u)ocessi	—	c(u)ocerei
cuocia	c(u)ocessi	cuoci	c(u)oceresti
cuocia	c(u)ocesse	cuocia	c(u)ocerebbe
c(u)ociamo	c(u)ocessimo	c(u)ociamo	c(u)oceremmo
c(u)ociate	c(u)oceste	c(u)ocete	c(u)ocereste
cuociano	c(u)ocessero	cuociano	c(u)ocerebbero

infinito: cuocere **gerundio:** c(u)ocendo **participio:** cotto (+ avere)

dire *sagen*
Zusammengezogen aus lat.: *dicere*.

Indicativo

presente	imperfetto	pass. rem.	futuro
dico	dicevo	dissi	dirò
dici	dicevi	dicesti	dirai
dice	diceva	disse	dirà
diciamo	dicevamo	dicemmo	diremo
dite	dicevate	diceste	direte
dicono	dicevano	dissero	diranno

Congiuntivo / Imperativo / Condizionale

presente	imperfetto	Imperativo	Condizionale presente
dica	dicessi	—	direi
dica	dicessi	d '	diresti
dica	dicesse	d ca	direbbe
diciamo	dicessimo	d ciamo	diremmo
diciate	diceste	d te	direste
dicano	dicessero	d cano	direbbero

infinito: dire   **gerundio:** dicendo   **participio:** detto (+ avere)

Zweite Konjugation

dolersi *sich beklagen*

Indicativo

presente	imperfetto	pass. rem.	futuro
mi dolgo	mi dolevo	mi dolsi	mi dorrò
ti duoli	ti dolevi	ti dolesti	ti dorrai
si duole	si doleva	si dolse	si dorrà
ci do(g)liamo	ci dolevamo	ci dolemmo	ci dorremo
vi dolete	vi dolevate	vi doleste	vi dorrete
si dolgono	si dolevano	si dolsero	si dorranno

Congiuntivo / Imperativo / Condizionale

presente	imperfetto	Imperativo	Condizionale presente
mi dolga	mi dolessi	—	mi dorrei
ti dolga	ti dolessi	duoliti	ti dorresti
si dolga	si dolesse	si dolga	si dorrebbe
ci do(g)liamo	ci dolessimo	do(g)liamoci	ci dorremmo
vi do(g)liate	vi doleste	doletevi	vi dorreste
si dolgano	si dolessero	si dolgano	si dorrebbero

infinito: dolersi   **gerundio:** dolendosi   **participio:** dolutosi (+ essere)

fare *machen*

Zusammengezogen aus lat.: *facere*.

Indicativo

presente	imperfetto	pass. rem.	futuro
faccio	facevo	feci	farò
fai	facevi	facesti	farai
fa	faceva	fece	farà
facciamo	facevamo	facemmo	faremo
fate	facevate	faceste	farete
fanno	facęvano	fęcero	faranno

Congiuntivo

presente	imperfetto	Imperativo	Condizionale presente
faccia	facessi	—	farei
faccia	facessi	fa'/fai	faresti
faccia	facesse	faccia	farebbe
facciamo	facęssimo	facciamo	faremmo
facciate	faceste	fate	fareste
fącciano	facęssero	fącciano	farębbero

infinito: fare **gerundio:** facendo **participio:** fatto (+ avere)

muovere *bewegen*

Betontes Stamm-**uo** wird in unbetonten Silben zu **o**

Indicativo

presente	imperfetto	pass. rem.	futuro
muovo	m(u)ovevo	mossi	m(u)overò
muovi	m(u)ovevi	m(u)ovesti	m(u)overai
muove	m(u)oveva	mosse	m(u)overà
moviamo	m(u)ovevamo	m(u)ovemmo	m(u)overemo
movete	m(u)ovevate	m(u)oveste	m(u)overete
muọvono	m(u)ovęvano	mọssero	m(u)overanno

Congiuntivo

presente	imperfetto	Imperativo	Condizionale presente
muova	m(u)ovessi	—	m(u)overei
muova	m(u)ovessi	muovi	m(u)overesti
muova	m(u)ovesse	muova	m(u)overebbe
m(u)oviamo	m(u)ovęssimo	m(u)oviamo	m(u)overemmo
m(u)oviate	m(u)oveste	m(u)ovete	m(u)overeste
muọvano	m(u)ovęssero	muọvano	m(u)overębbero

infinito: muọvere **gerundio:** m(u)ovendo **participio:** mosso (+ avere)

parere *scheinen*

Indicativo

presente	imperfetto	pass. rem.	futuro
paio	parevo	parvi	parrò
pari	parevi	paresti	parrai
pare	pareva	parve	parrà
paiamo	parevamo	paremmo	parremo
parete	parevate	pareste	parrete
paiono	parevano	parvero	parranno

Congiuntivo

presente	imperfetto	Imperativo	Condizionale presente
paia	paressi	—	parrei
paia	paressi	—	parresti
paia	paresse	—	parrebbe
paiamo	paressimo	—	parremmo
paiate	pareste	—	parreste
paiano	paressero	—	parrebbero

infinito: parere   **gerundio:** parendo   **participio:** parso (+ essere)

piacere *gefallen*

Indicativo

presente	imperfetto	pass. rem.	futuro
piaccio	piacevo	piacqui	piacerò
piaci	piacevi	piacesti	piacerai
piace	piaceva	piacque	piacerà
piacciamo	piacevamo	piacemmo	piaceremo
piacete	piacevate	piaceste	piacerete
piacciono	piacevano	piacquero	piaceranno

Congiuntivo

presente	imperfetto	Imperativo	Condizionale presente
piaccia	piacessi	—	piacerei
piaccia	piacessi	piaci	piaceresti
piaccia	piacesse	piaccia	piacerebbe
piacciamo	piacessimo	piacciamo	piaceremmo
piacciate	piaceste	piacete	piacereste
piacciano	piacessero	piacciano	piacerebbero

infinito: piacere   **gerundio:** piacendo   **participio:** piaciuto (+ essere)

porre *setzen, stellen*

Indicativo

presente	imperfetto	pass. rem.	futuro
pongo	ponevo	posi	porrò
poni	ponevi	ponesti	porrai
pone	poneva	pose	porrà
poniamo	ponevamo	ponemmo	porremo
ponete	ponevate	poneste	porrete
pongono	ponevano	posero	porranno

Congiuntivo		Imperativo	Condizionale
presente	imperfetto		presente
ponga	ponessi	—	porrei
ponga	ponessi	poni	porresti
ponga	ponesse	ponga	porrebbe
poniamo	ponessimo	poniamo	porremmo
poniate	poneste	ponete	porreste
pongano	ponessero	pongano	porrebbero

infinito: porre   **gerundio:** ponendo   **participio:** posto (+ avere)

rimanere *bleiben*

Indicativo

presente	imperfetto	pass. rem.	futuro
rimango	rimanevo	rimasi	rimarrò
rimani	rimanevi	rimanesti	rimarrai
rimane	rimaneva	rimase	rimarrà
rimaniamo	rimanevamo	rimanemmo	rimarremo
rimanete	rimanevate	rimaneste	rimarrete
rimangono	rimanevano	rimasero	rimarranno

Congiuntivo		Imperativo	Condizionale
presente	imperfetto		presente
rimanga	rimanessi	—	rimarrei
rimanga	rimanessi	rimani	rimarresti
rimanga	rimanesse	rimanga	rimarrebbe
rimaniamo	rimanessimo	rimaniamo	rimarremmo
rimaniate	rimaneste	rimanete	rimarreste
rimangano	rimanessero	rimangano	rimarrebbero

infinito: rimanere   **gerundio:** rimanendo   **participio:** rimasto (+ essere)

sapere *wissen*

Indicativo

presente	imperfetto	pass. rem.	futuro
so	sapevo	seppi	saprò
sai	sapevi	sapesti	saprai
sa	sapeva	seppe	saprà
sappiamo	sapevamo	sapemmo	sapremo
sapete	sapevate	sapeste	saprete
sanno	sapevano	seppero	sapranno

Congiuntivo		Imperativo	Condizionale
presente	imperfetto		presente
sappia	sapessi	—	saprei
sappia	sapessi	sappi	sapresti
sappia	sapesse	sappia	saprebbe
sappiamo	sapessimo	sappiamo	sapremmo
sappiate	sapeste	sappiate	sapreste
sappiano	sapessero	sappiano	saprebbero

infinito: sapere   **gerundio:** sapendo   **participio:** saputo (+ avere)

scegliere *wählen*

Indicativo

presente	imperfetto	pass. rem.	futuro
scelgo	sceglievo	scelsi	sceglierò
scegli	sceglievi	scegliesti	sceglierai
sceglie	sceglieva	scelse	sceglierà
scegliamo	sceglievamo	scegliemmo	sceglieremo
scegliete	sceglievate	sceglieste	sceglierete
scelgono	sceglievano	scelsero	sceglieranno

Congiuntivo		Imperativo	Condizionale
presente	imperfetto		presente
scelga	scegliessi	—	sceglierei
scelga	scegliessi	scegli	sceglieresti
scelga	scegliesse	scelga	sceglierebbe
scegliamo	scegliessimo	scegliamo	sceglieremmo
scegliate	sceglieste	scegliete	scegliereste
scelgano	scegliessero	scelgano	sceglierebbero

infinito: scegliere   **gerundio:** scegliendo   **participio:** scelto (+ avere)

sedere *sitzen*

Betontes Stamm-**e** wird zu **ie**

Indicativo

presente	imperfetto	pass. rem.	futuro
siedo (seggo)	sedevo	sedei (-etti)	sederò
siedi	sedevi	sedesti	sederai
siede	sedeva	sedé (-ette)	sederà
sediamo	sedevamo	sedemmo	sederemo
sedete	sedevate	sedeste	sederete
siedono (seggono)	sedevano	sederono (-ettero)	sederanno

Congiuntivo / Imperativo / Condizionale

presente	imperfetto	Imperativo	presente
sieda (segga)	sedessi	—	sederei
sieda (segga)	sedessi	siedi	sederesti
sieda (segga)	sedesse	sieda (segga)	sederebbe
sediamo	sedessimo	sediamo	sederemmo
sediate	sedeste	sedete	sedereste
siedano (seggano)	sedessero	siedano (seggano)	sederebbero

infinito: sedere **gerundio:** sedendo **participio:** seduto (+ essere)

solere *pflegen*

Nur in einigen Zeiten gebräuchlich.

Indicativo

presente	imperfetto	pass. rem.	futuro
soglio	solevo	solei	—
suoli	solevi	solesti	—
suole	soleva	solé	—
sogliamo	solevamo	—	—
solete	solevate	soleste	—
sogliono	solevano	—	—

Congiuntivo / Imperativo / Condizionale

presente	imperfetto	Imperativo	presente
soglia	—	—	—
soglia	—	—	—
soglia	—	—	—
sogliamo	—	—	—
sogliate	—	—	—
sogliano	—	—	—

infinito: solere **gerundio:** solendo **participio:** solito (+ essere)

spegnere *auslöschen*

Indicativo

presente	imperfetto	pass. rem.	futuro
spengo	spegnevo	spensi	spegnerò
spegni	spegnevi	spegnesti	spegnerai
spegne	spegneva	spense	spegnerà
spegniamo	spegnevamo	spegnemmo	spegneremo
spegnete	spegnevate	spegneste	spegnerete
spengono	spegnevano	spensero	spegneranno

Congiuntivo / Imperativo / Condizionale

presente	imperfetto	Imperativo	presente
spenga	spegnessi	—	spegnerei
spenga	spegnessi	spegni	spegneresti
spenga	spegnesse	spenga	spegnerebbe
spegniamo	spegnessimo	spegniamo	spegneremmo
spegniate	spegneste	spegnete	spegnereste
spengano	spegnessero	spengano	spegnerebbero

infinito: spegnere   **gerundio:** spegnendo   **participio:** spento (+ avere)

---

tenere *halten*

Indicativo

presente	imperfetto	pass. rem.	futuro
tengo	tenevo	tenni	terrò
tieni	tenevi	tenesti	terrai
tiene	teneva	tenne	terrà
teniamo	tenevamo	tenemmo	terremo
tenete	tenevate	teneste	terrete
tengono	tenevano	tennero	terranno

Congiuntivo / Imperativo / Condizionale

presente	imperfetto	Imperativo	presente
tenga	tenessi	—	terrei
tenga	tenessi	tieni	terresti
tenga	tenesse	tenga	terrebbe
teniamo	tenessimo	teniamo	terremmo
teniate	teneste	tenete	terreste
tengano	tenessero	tengano	terrebbero

infinito: tenere   **gerundio:** tenendo   **participio:** tenuto (+ avere)

trarre *ziehen*

Indicativo

presente	imperfetto	pass. rem.	futuro
traggo	traevo	trassi	trarrò
trai	traevi	traesti	trarrai
trae	traeva	trasse	trarrà
traiamo	traevamo	traemmo	trarremo
traete	traevate	traeste	trarrete
traggono	traevano	trassero	trarranno

Congiuntivo

presente	imperfetto	Imperativo	Condizionale presente
tragga	traessi	—	trarrei
tragga	traessi	trai	trarresti
tragga	traesse	tragga	trarrebbe
traiamo	traessimo	traiamo	trarremmo
traiate	traeste	traete	trarreste
traggano	traessero	traggano	trarrebbero

infinito: trarre   gerundio: traendo   participio: tratto (+ avere)

valere *gelten*

Indicativo

presente	imperfetto	pass. rem.	futuro
valgo	valevo	valsi	varrò
vali	valevi	valesti	varrai
vale	valeva	valse	varrà
valiamo	valevamo	valemmo	varremo
valete	valevate	valeste	varrete
valgono	valevano	valsero	varranno

Congiuntivo

presente	imperfetto	Imperativo	Condizionale presente
valga	valessi	—	varrei
valga	valessi	vali	varresti
valga	valesse	valga	varrebbe
valiamo	valessimo	valiamo	varremmo
valiate	valeste	valete	varreste
valgano	valessero	valgano	varrebbero

infinito: valere   gerundio: valendo   participio: valso (+ essere)

Zweite Konjugation

vedere *sehen*

Indicativo

presente	imperfetto	pass. rem.	futuro
vedo	vedevo	vidi	vedrò
vedi	vedevi	vedesti	vedrai
vede	vedeva	vide	vedrà
vediamo	vedevamo	vedemmo	vedremo
vedete	vedevate	vedeste	vedrete
vedono	vedevano	videro	vedranno

Congiuntivo / Imperativo / Condizionale

presente	imperfetto	Imperativo	Condizionale presente
veda	vedessi	—	vedrei
veda	vedessi	vedi	vedresti
veda	vedesse	veda	vedrebbe
vediamo	vedessimo	vediamo	vedremmo
vediate	vedeste	vedete	vedreste
vedano	vedessero	vedano	vedrebbero

infinito: vedere **gerundio:** vedendo **participio:** veduto (visto) (+ avere)

vivere *leben*

Indicativo

presente	imperfetto	pass. rem.	futuro
vivo	vivevo	vissi	vivrò
vivi	vivevi	vivesti	vivrai
vive	viveva	visse	vivrà
viviamo	vivevamo	vivemmo	vivremo
vivete	vivevate	viveste	vivrete
vivono	vivevano	vissero	vivranno

Congiuntivo / Imperativo / Condizionale

presente	imperfetto	Imperativo	Condizionale presente
viva	vivessi	—	vivrei
viva	vivessi	vivi	vivresti
viva	vivesse	viva	vivrebbe
viviamo	vivessimo	viviamo	vivremmo
viviate	viveste	vivete	vivreste
vivano	vivessero	vivano	vivrebbero

infinito: vivere **gerundio:** vivendo **participio:** vissuto (+ avere/essere)

Verben der 2. Konjugation, die nur in der 1. und 3. Person Einzahl und der 3. Person Mehrzahl des **passato remoto** sowie häufig im **participio** unregelmäßig sind.

[1] accendere *anzünden* — **pass. rem.:** accesi accendesti accese accendemmo accendeste accesero – **participio:** acceso (+ avere)

[2] accorgersi *wahrnehmen* — **pass. rem.:** mi accorsi ti accorgesti si accorse ci accorgemmo vi accorgeste si accorsero – **participio:** accortosi (+ essere)

[3] assolvere *freisprechen* — **pass. rem.:** assolsi assolvesti assolse assolvemmo assolveste assolsero – **participio:** assolto (+ avere)

[4] assumere *übernehmen* — **pass. rem.:** assunsi assumesti assunse assumemmo assumeste assunsero – **participio:** assunto (+ avere)

[5] chiedere *verlangen* — **pass. rem.:** chiesi chiedesti chiese chiedemmo chiedeste chiesero – **participio:** chiesto (+ avere)

[6] chiudere *schließen* — **pass. rem.:** chiusi chiudesti chiuse chiudemmo chiudeste chiusero – **participio:** chiuso (+ avere)

[7] concedere *gewähren* — **pass. rem.:** concessi concedesti concesse concedemmo concedeste concessero – **participio:** concesso (+ avere)

[8] confondere *verwechseln* — **pass. rem.:** confusi confondesti confuse confondemmo confondeste confusero – **participio:** confuso (+ avere)

[9] conoscere *kennen* — **pass. rem.:** conobbi conoscesti conobbe conoscemmo conosceste conobbero – **participio:** conosciuto (+ avere)

[10] correre *laufen* — **pass. rem.:** corsi corresti corse corremmo correste corsero – **participio:** corso (+ avere/essere)

[11] crescere *wachsen* — **pass. rem.:** crebbi crescesti crebbe crescemmo cresceste crebbero – **participio:** cresciuto (+ essere)

[12] decidere *beschließen* — **pass. rem.:** decisi decidesti decise decidemmo decideste decisero – **participio:** deciso (+ avere)

[13] deprimere *niederdrücken* pass. rem.: **depressi** deprimesti **depresse** deprimemmo deprimeste **depressero** – participio: **depresso** (+ avere)

[14] difendere *verteidigen* ___ pass. rem.: **difesi** difendesti **difese** difendemmo difendeste **difesero** – participio: **difeso** (+ avere)

[15] dirigere *leiten* ___ pass. rem.: **diressi** dirigesti **diresse** dirigemmo dirigeste **diressero** – participio: **diretto** (+ avere)

[16] discutere *debattieren* ___ pass. rem.: **discussi** discutesti **discusse** discutemmo discuteste **discussero** – participio: **discusso** (+ avere)

[17] distinguere *unterscheiden* pass. rem.: **distinsi** distinguesti **distinse** distinguemmo distingueste **distinsero** – participio: **distinto** (+ avere)

[18] distruggere *zerstören* ___ pass. rem.: **distrussi** distruggesti **distrusse** distruggemmo distruggeste **distrussero** – participio: **distrutto** (+ avere)

[19] dividere *teilen* ___ pass. rem.: **divisi** dividesti **divise** dividemmo divideste **divisero** – participio: **diviso** (+ avere)

[20] espellere *ausstoßen* ___ pass. rem.: **espulsi** espellesti **espulse** espellemmo espelleste **espulsero** – participio: **espulso** (+ avere)

[21] esprimere *ausdrücken* ___ pass. rem.: **espressi** esprimesti **espresse** esprimemmo esprimeste **espressero** – participio: **espresso** (+ avere)

[22] fingere *tun als ob* ___ pass. rem.: **finsi** fingesti **finse** fingemmo fingeste **finsero** – participio: **finto** (+ avere)

[23] fondere *schmelzen* ___ pass. rem.: **fusi** fondesti **fuse** fondemmo fondeste **fusero** – participio: **fuso** (+ avere)

[24] giungere *ankommen* ___ pass. rem.: **giunsi** giungesti **giunse** giungemmo giungeste **giunsero** – participio: **giunto** (+ essere)

[25] leggere *lesen* ___ pass. rem.: **lessi** leggesti **lesse** leggemmo leggeste **lessero** – participio: **letto** (+ avere)

[26] mettere *setzen, stellen* — **pass. rem.:** misi mettesti mise mettemmo metteste mịsero – **participio:** messo (+ avere)

[27] nascere *geboren werden* — **pass. rem.:** nacqui nascesti nacque nascemmo nasceste nạcquero – **participio:** nato (+ ẹssere)

[28] nascondere *verbergen* — **pass. rem.:** nascosi nascondesti nascose nascondemmo nascondeste nascọsero – **participio:** nascosto (+ avere)

[29] nuocere *schaden* — **pass. rem.:** nocqui nocesti nocque nocemmo noceste nọcquero – **participio:** nociuto (+ avere)

[30] perdere *verlieren* — **pass. rem.:** persi (perdei, perdetti) perdesti perse (perdé, perdette) perdemmo perdeste pèrsero (perderono, perdẹttero) – **participio:** perso (perduto) (+ avere)

[31] persuadere *überzeugen* — **pass. rem.:** persuasi persuadesti persuase persuademmo persuadeste persuạsero – **participio:** persuaso (+ avere)

[32] piangere *weinen* — **pass. rem.:** piansi piangesti pianse piangemmo piangeste piạnsero – **participio:** pianto (+ avere)

[33] porgere *reichen* — **pass. rem.:** porsi porgesti porse porgemmo porgeste pọrsero – **participio:** porto (+ avere)

[34] prefiggere *festsetzen* — **pass. rem.:** prefissi prefiggesti prefisse prefiggemmo prefiggeste prefịssero – **participio:** prefisso (+ avere)

[35] prendere *nehmen* — **pass. rem.:** presi prendesti prese prendemmo prendeste prẹsero – **participio:** preso (+ avere)

[36] radere *rasieren* — **pass. rem.:** rasi radesti rase rademmo radeste rạsero – **participio:** raso (+ avere)

[37] redigere *abfassen* — **pass. rem.:** redassi redigesti redasse redigemmo redigeste redạssero – **participio:** redatto (+ avere)

[38] redimere *erlösen* — **pass. rem.:** redensi redimesti redense redimemmo redimeste redẹnsero – **participio:** redento (+ avere)

[39] rendere *übergeben* _____ **pass. rem.:** resi rendesti rese rendemmo rendeste rèsero – **participio:** reso (+ avere)

[40] ridere *lachen* _____ **pass. rem.:** risi ridesti rise ridemmo rideste risero – **participio:** riso (+ avere)

[41] riflettere *zurückwerfen* _ **pass. rem.:** r flessi riflettesti riflesse riflettemmo rifletteste riflèssero – **participio:** riflesso (+ avere)

[42] rispondere *antworten* ___ **pass. rem.:** r sposi rispondesti rispose rispondemmo rispondeste rispòsero – **participio:** risposto (+ avere)

[43] rompere *brechen* _____ **pass. rem.:** ruppi rompesti ruppe rompemmo rompeste rùppero – **participio:** rotto (+ avere)

[44] scendere *hinabsteigen* ___ **pass. rem.:** scesi scendesti scese scendemmo scendeste scèsero – **participio:** sceso (+ avere/èssere)

[45] scorgere *erblicken* _____ **pass. rem.:** scorsi scorgesti scorse scorgemmo scorgeste scòrsero – **participio:** scorto (+ avere)

[46] scrivere *schreiben* _____ **pass. rem.:** scrissi scrivesti scrisse scrivemmo scriveste scrìssero – **participio:** scritto (+ avere)

[47] spargere *ausstreuen* _____ **pass. rem.:** sparsi spargesti sparse spargemmo spargeste spàrsero – **participio:** sparso (+ avere)

[48] spendere *ausgeben* _____ **pass. rem.:** spesi spendesti spese spendemmo spendeste spèsero – **participio:** speso (+ avere)

[49] spingere *stoßen* _____ **pass. rem.:** spinsi spingesti spinse spingemmo spingeste spìnsero – **participio:** spinto (+ avere)

[50] stringere *drücken* _____ **pass. rem.:** strinsi stringesti strinse stringemmo stringeste strìnsero – **participio:** stretto (+ avere)

[51] svellere *entwurzeln* _____ **pass. rem.:** svelsi svellesti svelse svellemmo svelleste svèlsero – **participio:** svelto (+ avere)

[52] uccidere *töten* _____ **pass. rem.:** uccisi uccidesti uccise uccidemmo uccideste uccìsero – **participio:** ucciso (+ avere)

[53] vincere *siegen* —————— **pass. rem.: vinsi** vincesti **vinse** vincemmo vinceste **vinsero** – **participio: vinto** (+ avere)

[54] volgere *wenden* —————— **pass. rem.: volsi** volgesti **volse** volgemmo volgeste **volsero** – **participio: volto** (+ avere)

Verben der 2. Konjugation, die nur im **participio** unregelmäßig sind:

[55] assistere *beistehen* ————————— assistito (+ avere)

[56] coesistere *gleichzeitig bestehen* —— coesistito (+ essere)

[57] consistere *bestehen aus* ————— consistito (+ essere)

[58] desistere *aufhören* ———————— desistito (+ avere)

[59] esigere *verlangen* ———————— esatto (+ avere)

[60] esistere *vorhanden sein* ————— esistito (+ essere)

[61] insistere *bestehen auf* ————— insistito (+ avere)

[62] persistere *andauern* ————— persistito (+ avere)

[63] resistere *widerstehen* ————— resistito (+ avere)

[64] transigere *nachgeben* ————— transatto (+ avere)

partire *abfahren*

tempi semplici

Indicativo

presente	imperfetto	pass. rem.	futuro
parto	partivo	partii	partirò
parti	partivi	partisti	partirai
parte	partiva	partì	partirà
partiamo	partivamo	partimmo	partiremo
partite	partivate	partiste	partirete
partono	partivano	partirono	partiranno

Congiuntivo

presente	imperfetto	Imperativo	Condizionale presente
parta	partissi	—	partirei
parta	partissi	parti	partiresti
parta	partisse	parta	partirebbe
partiamo	partissimo	partiamo	partiremmo
partiate	partiste	partite	partireste
partano	partissero	partano	partirebbero

infinito: partire   **gerundio:** partendo   **participio:** partito (+ essere)

tempi composti

Indicativo

pass. pross.	trapass. pross.	trapass. rem.	fut. ant.
sono partito, -a	ero partito, -a	fui partito, -a	sarò partito, -a
sei partito, -a	eri partito, -a	fosti partito, -a	sarai partito, -a
è partito, -a	era partito, -a	fu partito -a	sarà partito, -a
siamo partiti, -e	eravamo partiti, -e	fummo partiti, -e	saremo partiti, -e
siete partiti, -e	eravate partiti, -e	foste partiti, -e	sarete partiti, -e
sono partiti, -e	erano partiti, -e	furono partiti, -e	saranno partiti, -e

Congiuntivo

passato	trapassato	Imperativo	Condizionale passato
sia partito, -a	fossi partito, -a	—	sarei partito, -a
sia partito, -a	fossi partito, -a	—	saresti partito, -a
sia partito, -a	fosse partito, -a	—	sarebbe partito, -a
siamo partiti, -e	fossimo partiti, -e	—	saremmo partiti, -e
siate partiti, -e	foste partiti, -e	—	sareste partiti, -e
siano partiti, -e	fossero partiti, -e	—	sarebbero partiti, -e

infinito pass.: essere partito   **gerundio pass.:** essendo partito

finire *beenden*
(Stammerweiterung obligatorisch)

Indicativo

presente	imperfetto	pass. rem.	futuro
finisco	finivo	finii	finirò
finisci	finivi	finisti	finirai
finisce	finiva	finì	finirà
finiamo	finivamo	finimmo	finiremo
finite	finivate	finiste	finirete
finiscono	finivano	finìrono	finiranno

Congiuntivo

presente	imperfetto		Imperativo	Condizionale presente

presente	imperfetto	Imperativo	Condizionale presente
finisca	finissi	—	finirei
finisca	finissi	finisci	finiresti
finisca	finisse	finisca	finirebbe
finiamo	finissimo	finiamo	finiremmo
finiate	finiste	finite	finireste
finiscano	finissero	finiscano	finirebbero

infinito: finire **gerundio:** finendo **participio:** finito (+ avere)

apparire *erscheinen*
(Stammerweiterung optional)

Indicativo

presente	imperfetto	pass. rem.	futuro
appaio (-risco)	apparivo	apparii (-arsi, -arvi)	apparirò
appari (-risci)	apparivi	apparisti	apparirai
appare (-risce)	appariva	apparì (-arse, -arve)	apparirà
appariamo	apparivamo	apparimmo	appariremo
apparite	apparivate	appariste	apparirete
appaiono (-riscono)	apparivano	apparirono (-arsero, -arvero)	appariranno

Congiuntivo

presente	imperfetto	Imperativo	Condizionale presente
appaia (-risca)	apparissi	—	apparirei
appaia (-risca)	apparissi	appari (-risci)	appariresti
appaia (-risca)	apparisse	appaia (-risca)	apparirebbe
appariamo	apparissimo	appariamo	appariremmo
appariate	appariste	apparite	apparireste
appaiano (-riscano)	apparissero	appaiano (-riscano)	apparirebbero

infinito: apparire **gerundio:** apparendo **participio:** apparso (+ essere)

aprire *öffnen*

Indicativo

presente	imperfetto	pass. rem.	futuro
apro	aprivo	aprii (-ersi)	aprirò
apri	aprivi	apristi	aprirai
apre	apriva	aprì (-erse)	aprirà
apriamo	aprivamo	aprimmo	apriremo
aprite	aprivate	apriste	aprirete
aprono	aprivano	aprirono (-ersero)	apriranno

Congiuntivo / Imperativo / Condizionale

presente	imperfetto	Imperativo	presente
apra	aprissi	—	aprirei
apra	aprissi	apri	apriresti
apra	aprisse	apra	aprirebbe
apriamo	aprissimo	apriamo	apriremmo
apriate	apriste	aprite	aprireste
aprano	aprissero	aprano	aprirebbero

infinito: aprire **gerundio:** aprendo **participio:** aperto (+ avere)

divenire *werden*

Indicativo

presente	imperfetto	pass. rem.	futuro
divengo	divenivo	divenni	diverrò
divieni	divenivi	divenisti	diverrai
diviene	diveniva	divenne	diverrà
diveniamo	divenivamo	divenimmo	diverremo
divenite	divenivate	diveniste	diverrete
divengono	divenivano	divennero	diverranno

Congiuntivo / Imperativo / Condizionale

presente	imperfetto	Imperativo	presente
divenga	divenissi	—	diverrei
divenga	divenissi	divieni	diverresti
divenga	divenisse	divenga	diverrebbe
diveniamo	divenissimo	diveniamo	diverremmo
diveniate	diveniste	divenite	diverreste
divengano	divenissero	divengano	diverrebbero

infinito: divenire **gerundio:** divenendo **participio:** divenuto (+ essere)

morire *sterben*

Indicativo

presente	imperfetto	pass. rem.	futuro
muoio	morivo	morii	mor(i)rò
muori	morivi	moristi	mor(i)rai
muore	moriva	morì	mor(i)rà
moriamo	morivamo	morimmo	mor(i)remo
morite	morivate	moriste	mor(i)rete
muoiono	morivano	morirono	mor(i)ranno

Congiuntivo

presente	imperfetto	Imperativo	Condizionale presente
muoia	morissi	—	mor(i)rei
muoia	morissi	muori	mor(i)resti
muoia	morisse	muoia	mor(i)rebbe
moriamo	morissimo	moriamo	mor(i)remmo
moriate	moriste	morite	mor(i)reste
muoiano	morissero	muoiano	mor(i)rebbero

infinito: morire **gerundio:** morendo **participio:** morto (+ essere)

---

offrire *anbieten*

Indicativo

presente	imperfetto	pass. rem.	futuro
offro	offrivo	offrii (-ersi)	offrirò
offri	offrivi	offristi	offrirai
offre	offriva	offrì (-erse)	offrirà
offriamo	offrivamo	offrimmo	offriremo
offrite	offrivate	offriste	offrirete
offrono	offrivano	offrirono (-ersero)	offriranno

Congiuntivo

presente	imperfetto	Imperativo	Condizionale presente
offra	offrissi	—	offrirei
offra	offrissi	offri	offriresti
offra	offrisse	offra	offrirebbe
offriamo	offrissimo	offriamo	offriremmo
offriate	offriste	offrite	offrireste
offrano	offrissero	offrano	offrirebbero

infinito: offrire **gerundio:** offrendo **participio:** offerto (+ avere)

riuscire *gelingen*

Indicativo

presente	imperfetto	pass. rem.	futuro
riesco	riuscivo	riuscii	riuscirò
riesci	riuscivi	riuscisti	riuscirai
riesce	riusciva	riuscì	riuscirà
riusciamo	riuscivamo	riuscimmo	riusciremo
riuscite	riuscivate	riusciste	riuscirete
riescono	riuscivano	riuscirono	riusciranno

Congiuntivo

presente	imperfetto	Imperativo	Condizionale presente
riesca	riuscissi	—	riuscirei
riesca	riuscissi	riesci	riusciresti
riesca	riuscisse	riesca	riuscirebbe
riusciamo	riuscissimo	riusciamo	riusciremmo
riusciate	riusciste	riuscite	riuscireste
riescano	riuscissero	riescano	riuscirebbero

infinito: riuscire **gerundio:** riuscendo **participio:** riuscito (+ essere)

salire *steigen*

Indicativo

presente	imperfetto	pass. rem.	futuro
salgo	salivo	salii	salirò
sali	salivi	salisti	salirai
sale	saliva	salì	salirà
saliamo	salivamo	salimmo	saliremo
salite	salivate	saliste	salirete
salgono	salivano	salirono	saliranno

Congiuntivo

presente	imperfetto	Imperativo	Condizionale presente
salga	salissi	—	salirei
salga	salissi	sali	saliresti
salga	salisse	salga	salirebbe
saliamo	salissimo	saliamo	saliremmo
saliate	saliste	salite	salireste
salgano	salissero	salgano	salirebbero

infinito: salire **gerundio:** salendo **participio:** salito (+ essere/avere)

soffrire *leiden*

Indicativo

presente	imperfetto	pass. rem.	futuro
soffro	soffrivo	soffrii (**-ersi**)	soffrirò
soffri	soffrivi	soffristi	soffrirai
soffre	soffriva	soffrì (**-erse**)	soffrirà
soffriamo	soffrivamo	soffrimmo	soffriremo
soffrite	soffrivate	soffriste	soffrirete
soffrono	soffrivano	soffrirono (**-ersero**)	soffriranno

Congiuntivo

presente	imperfetto	Imperativo	**Condizionale** presente
soffra	soffrissi	—	soffrirei
soffra	soffrissi	soffri	soffriresti
soffra	soffrisse	soffra	soffrirebbe
soffriamo	soffrissimo	soffriamo	soffriremmo
soffriate	soffriste	soffrite	soffrireste
soffrano	soffrissero	soffrano	soffrirebbero

infinito: soffrire **gerundio:** soffrendo **participio:** sofferto (+ avere)

---

udire *hören*

Indicativo

presente	imperfetto	pass. rem.	futuro
odo	udivo	udii	ud(i)rò
odi	udivi	udisti	ud(i)rai
ode	udiva	udì	ud(i)rà
udiamo	udivamo	udimmo	ud(i)remo
udite	udivate	udiste	ud(i)rete
odono	udivano	udirono	ud(i)ranno

Congiuntivo

presente	imperfetto	Imperativo	**Condizionale** presente
oda	udissi	—	ud(i)rei
oda	udissi	odi	ud(i)resti
oda	udisse	oda	ud(i)rebbe
udiamo	udissimo	udiamo	ud(i)remmo
udiate	udiste	udite	ud(i)reste
odano	udissero	odano	ud(i)rebbero

infinito: udire **gerundio:** udendo **participio:** udito (+ avere)

Dritte Konjugation

uscire *hinausgehen*

Indicativo

presente	imperfetto	pass. rem.	futuro
esco	uscivo	uscii	uscirò
esci	uscivi	uscisti	uscirai
esce	usciva	uscì	uscirà
usciamo	uscivamo	uscimmo	usciremo
uscite	uscivate	usciste	uscirete
escono	uscivano	uscirono	usciranno

Congiuntivo

presente	imperfetto	Imperativo	Condizionale presente
esca	uscissi	—	uscirei
esca	uscissi	esci	usciresti
esca	uscisse	esca	uscirebbe
usciamo	uscissimo	usciamo	usciremmo
usciate	usciste	uscite	uscireste
escano	uscissero	escano	uscirebbero

infinito: uscire   **gerundio:** uscendo   **participio:** uscito (+ essere)

venire *kommen*

Indicativo

presente	imperfetto	pass. rem.	futuro
vengo	venivo	venni	verrò
vieni	venivi	venisti	verrai
viene	veniva	venne	verrà
veniamo	venivamo	venimmo	verremo
venite	venivate	veniste	verrete
vengono	venivano	vennero	verranno

Congiuntivo

presente	imperfetto	Imperativo	Condizionale presente
venga	venissi	—	verrei
venga	venissi	vieni	verresti
venga	venisse	venga	verrebbe
veniamo	venissimo	veniamo	verremmo
veniate	veniste	venite	verreste
vengano	venissero	vengano	verrebbero

infinito: venire   **gerundio:** venendo   **participio:** venuto (+ essere)

Die Bildung der zusammengesetzten Zeiten

tempi composti mit essere

Indicativo

passato prossimo ich bin angekommen usw.

sono arrivato, -a	siamo arrivati, -e
sei ...	siete ...
è ...	sono ...

trapassato prossimo ich war angekommen usw.

ero arrivato, -a	eravamo arrivati, -e
eri ...	eravate ...
era ...	ẹrano ...

trapassato remoto ich war angekommen usw.

fui arrivato, -a	fummo arrivati, -e
fosti ...	foste ...
fu ...	fụrono ...

futuro anteriore ich werde angekommen sein usw.

sarò arrivato, -a	saremo arrivati, -e
sarai ...	sarete ...
sarà ...	saranno ...

condizionale passato ich würde angekommen sein usw.

sarei arrivato, -a	saremmo arrivati, -e
saresti ...	sareste ...
sarebbe ...	sarẹbbero ...

infinito angekommen sein

ẹssere arrivato, -a	ẹssere arrivati, -e

gerundio da, nachdem er/sie angekommen ist
(wörtl. angekommen seiend)

essendo arrivato, -a	essendo arrivati, -e

Congiuntivo

passato prossimo ich sei angekommen usw.

sia arrivato, -a	siamo arrivati, -e
sia ...	siete ...
sia ...	siano ...

trapassato prossimo ich wäre angekommen usw.

fossi arrivato, -a	fossimo arrivati, -e
fossi ...	foste ...
fosse ...	fossero ...

Das reflexive Verb

tempi semplici

Indicativo

presente ich wasche mich usw.

mi lavo	ci laviamo
ti lavi	vi lavate
si lava	si lạvano

imperfetto ich wusch mich usw.

mi lavavo	ci lavavamo
ti lavavi	vi lavavate
si lavava	si lavạvano

passato remoto ich wusch mich usw.

mi lavai	ci lavammo
ti lavasti	vi lavaste
si lavò	si lavạrono

futuro ich werde mich waschen usw.

mi laverò	ci laveremo
ti laverai	vi laverete
si laverà	si laveranno

condizionale ich würde mich waschen usw.

mi laverei	ci laveremmo
ti laveresti	vi lavereste
si laverebbe	si laverẹbbero

infinito sich waschen

lavarsi

gerundio sich waschend

lavạndosi

Congiuntivo

presente ich wasche mich usw.

mi lavi	ci laviamo
ti lavi	vi laviate
si lavi	si lavino

imperfetto ich wüsche mich usw.

mi lavassi	ci lavassimo
ti lavassi	vi lavaste
si lavasse	si lavassero

Imperativo wasch(e) dich!

—	laviamoci!
lavati!	lavatevi!
si lavi!	si lav no!

tempi composti

Indicativo

passato prossimo ich habe mich gewaschen usw.

mi sono lavato, -a	ci siamo lavati, -e
ti sei ...	vi siete ...
si è ...	si sono ...

trapassato prossimo ich hatte mich gewaschen usw.

mi ero lavato, -a	ci eravamo lavati, -e
ti eri ...	vi eravate ...
si era ...	si ęrano ...

trapassato remoto ich hatte mich gewaschen usw.

mi fui lavato, -a	ci fummo lavati, -e
ti fosti ...	vi foste ...
si fu ...	si fụrono ...

futuro anteriore ich werde mich gewaschen haben usw.

mi sarò lavato, -a	ci saremo lavati, -e
ti sarai ...	vi sarete ...
si sarà ...	si saranno ...

condizionale passato ich würde mich gewaschen haben usw.

mi sarei lavato, -a	ci saremmo lavati, -e
ti saresti ...	vi sareste ...
si sarebbe ...	si sarębbero ...

infinito sich gewaschen haben

ęssersi lavato, -a

gerundio da/nachdem er/sie sich gewaschen hatte
       (wörtl. sich gewaschen habend)

essęndosi lavato, -a

Congiuntivo

passato prossimo ich habe mich gewaschen usw.

mi sia lavato, -a	ci siamo lavati, -e
ti sia ...	vi siate ...
si sia ...	si siano ...

trapassato prossimo ich hätte mich gewaschen usw.

mi fossi lavato, -a	ci fossimo lavati, -e
ti fossi ...	vi foste ...
si fosse ...	si fossero ...

Das Passiv

Indicativo

presente ich werde eingeladen usw.

sono invitato, -a	siamo invitati, -e
sei ...	siete ...
è ...	sono ...

imperfetto ich war eingeladen usw.

ero invitato, -a	eravamo invitati, -e
eri ...	eravate ...
era ...	ẹrano ...

passato remoto ich wurde eingeladen usw.

fui invitato, -a	fummo invitati, -e
fosti ...	foste ...
fu ...	fụrono ...

passato prossimo ich bin eingeladen worden usw.

sono stato, -a invitato, -a	siamo stati, -e invitati, -e
sei ...	siete ...
è ...	sono ...

trapassato prossimo ich war eingeladen worden usw.

ero stato, -a invitato, -a	eravamo stati, -e invitati, -e
eri ...	eravate ...
era ...	ẹrano ...

trapassato remoto ich war eingeladen worden usw.

fui stato, -a invitato, -a	fummo stati, -e invitati, -e
fosti ...	foste ...
fu ...	fụrono ...

futuro ich werde eingeladen werden usw.

sarò invitato, -a	saremo invitati, -e
sarai ...	sarete ...
sarà ...	saranno ...

futuro anteriore ich werde eingeladen worden sein usw.

sarò stato, -a invitato, -a	saremo stati, -e invitati, -e
sarai ...	sarete ...
sarà ...	saranno ...

condizionale ich würde eingeladen werden usw.

sarei invitato, -a	saremmo invitati, -e
saresti ...	sareste ...
sarebbe ...	sarębbero ...

condizionale passato ich würde einge aden worden sein usw.

sarei stato, -a invitato, -a	saremmo stati, -e invitati, -e
saresti ...	sareste ...
sarebbe ...	sarębbero ...

infinito eingeladen werden

ęssere invitato, -a	ęssere invitati, -e

infinito passato eingeladen worden se n

ęssere stato, -a invitato, -a	ęssere stati, -e invitati, -e

gerundio da/nachdem er/sie eingeladen ist
(wörtl. eingeladen werdend)

essendo invitato, -a	essendo invitati, -e

gerundio passato da/nachdem er/sie eingeladen worden war
(wörtl. eingeladen worden seiend)

essendo stato, -a invitato, -a	essendo stati, -e invitati, -e

Congiuntivo

presente ich sei eingeladen usw.

sia invitato, -a	siamo invitati, -e
sia ...	siate ...
sia ...	siano ...

imperfetto ich wäre eingeladen usw.

fossi invitato, -a	fossimo invitati, -e
fossi ...	foste ...
fosse ...	fossero ...

passato prossimo ich sei eingeladen worden usw.

sia stato, -a invitato, -a	siamo stati, -e invitati, -e
sia ...	siate ...
sia ...	siano ...

trapassato prossimo ich wäre eingeladen worden usw.

fossi stato, -a invitato, -a	fossimo stati, -e invitati, -e
fossi ...	foste ...
fosse ...	fossero ...

Die wichtigsten Verben mit Präpositionen

qc = **qualcosa** etwas cn = **qualcuno** jemand
etw. = etwas j-m = jemandem j-n = jemanden

Viele italienische Verben werden nicht nur mit einer anderen Präposition als im Deutschen sondern manchmal auch ohne Präposition gebraucht. Hier eine Auswahl der häufigsten Abweichungen:

abusare di qc	etw. missbrauchen
accontentarsi di qc	sich mit etw. zufrieden geben
accorgersi di qc	etw. bemerken
accusare qn di qc	j-r e-r Sache beschuldigen
addattarsi a fare qc	sich damit abfinden, etw. zu tun
adulare qn	j-n schmeicheln
affrontare qn	j-n entgegentreten
aiutare qn	j-n helfen
approfittarsi di qn/qc	j-r/etw. ausnutzen
arrabbiarsi con qn	sich über _-n aufregen
arrabbiarsi per qc	sich wegen etw. aufregen
ascoltare qn	j-m zuhören
aspettare qn/qc	auf j-n/etw. warten
astenersi da qc	sich e-r Sache enthalten
augurare qc a qn	j-m etw. wünschen
augurarsi di fare qc	sich wünschen, etw. zu tun
basarsi su qc	sich auf etw. stützen
cercare di fare qc	versuchen, etw. zu tun
chiamare qn	j-r anrufen
chiedere qc a qn	j-r nach etw. fragen, um etw. bitten
chiedere di qn	nach j-m fragen
cominciare a fare qc	anfangen etw. zu tun
cominciare da qc	bei etw. anfangen
comporsi di qc	aus etw. bestehen
confidarsi con qn	sich j-m anvertrauen
congratularsi con qn di/per qc	j-m zu etw. gratulieren
consigliare qn	j-m einen Rat geben
consigliare a qn di fare qc	j-m raten, etw. zu tun
consistere di qc	aus etw. bestehen
consistere in qc	in/aus etw. bestehen
continuare a fare qc	damit fortfahren etw. zu tun
contraddire qn	j-m widersprechen
contrariare qn	j-m widersprechen
convincere qn di qc	j-n von etw. überzeugen
credere in qc/qn	an j-n/etw. glauben
credere di avere fatto qc	glauben, etw. getan zu haben
decidere di fare qc	beschließen, etw. zu tun
dimenticare di fare qc	vergessen etw. zu tun

dire **a** qn **di** fare qc	j-n bitten, etw. zu tun
discutere **di/su** qc	über etw. diskutieren
dissuadere qn	j-m abraten
distinguersi **da** qc/qn	sich von j-m/etw. unterscheiden
domandare **di** qn	nach j-m fragen
domandare qc. **a** qn	j-n nach etw. fragen
evitare **di** fare qc	vermeiden, etw. zu tun
fidarsi **di** qn	j-m vertrauen
fingere **di** fare qc	vortäuschen, etw. zu tun
forzare qn **a** fare qc	j-n zwingen, etw. zu tun
fregarsene **di** qc	auf etw. pfeifen
giurare **di** fare qc	schwören, etw. zu tun
immaginare **di** fare qc	sich vorstellen, etw. zu tun
imparare **a** fare qc	etw. zu tun lernen
imparare qc **da** qn	von j-m etw. lernen
impedire **a** qn **di** fare qc	j-n daran hindern, etw. zu tun
incaricarsi **di** qc	etw. übernehmen
incontrare qn	j-m begegnen
incoraggiare qn **a** fare qc	j-n ermutigen, etw. zu tun
innamorarsi **di** qn	sich in j-n verlieben
insegnare qc **a** qn	j-m etw. beibringen
insidiare qn	j-m nachstellen
interessarsi **di** qc/qn	sich für etw./j-n interessieren
lamentarsi **di** qc/qn	sich über etw./j-n beklagen
meravigliarsi **di** qn/qc	sich über j-n/etw. wundern
meritare **di** fare qc	verdienen, etw. zu tun
minacciare qn **di** fare qc	j-m damit drohen, etw. zu tun
occuparsi **di** qn/qc	sich um j-n/etw. kümmern
pareggiare qn	j-m gleichkommen
partecipare **a** qc	an etw. teilnehmen
pensare **a** qc	an etw. denken
pensare **di** fare qc	vorhaben, etw. zu tun
pentirsi **di** qc	etw. bereuen
perdonare qc **a** qn	j-m etw. verzeihen
pregare qn **di** fare qc	j-n bitten, etw. zu tun
preoccuparsi **di/per** qn/qc	sich um j-n/etw. Sorgen machen
preoccuparsi **di** fare qc	sich bemühen, etw. zu tun
prevenire qu	j-m zuvorkommen
profittare **di** qc	etw. benutzen
promettere **di** fare qc	versprechen, etw. zu tun
proporsi **di** fare qc	sich vornehmen, etw. zu tun
proteggere qn/qc **da** qn/qc	j-n/etw. vor j-m/etw. schützen
provare **a** fare qc	versuchen, etw. zu tun
provvedere **a** qn/qc	für j-n/etw. sorgen
rassegnarsi **a** fare qc	sich damit abfinden, etw. zu tun
riconoscere qn/qc **da** qc	j-n/etw. an etw. erkennen
ricordare qc **a** qn	j-n an etw. erinnern
ricordarsi **di** qc	sich an etw. erinnern
ridere **di** qn/qc	über j-n/etw. lachen
ringraziare qc **di** qc	j-m für etw. danken

rischiare di fare qc	riskieren, etw. zu tun
sapere qc di qn	etw. von j-m wissen
sapere qc da qn	etw. von j-m erfahren
sapere di qc	nach etw. schmecken
scusarsi con qn di/per qc	sich bei j-m für etw. entschuldigen
seguire qn	j-m folgen
servire qn	j-m dienen
servire a qc	zu etw. dienen
servire da qc	als etw. dienen
servirsi di qc	etw. benutzen
sfruttare qn/qc	j-n/etw. ausnutzen
smettere di fare qc	aufhören, etw. zu tun
soccorrere qn	j-m helfen
sognare (di) qn/qc	von j-m/etw. träumen
sopravvivere a qn	j-n überleben
sospettare qn di qc	j-n e-r Sache verdächtigen
sospettare qc in qn	etw. bei j-m vermuten
sostituire qn/qc a/con qn/qc	j-n/etw. durch j-n/etw. ersetzen
sovrastare a qc	etw. überragen
sperare di fare qc	hoffen, etw. zu tun
supplire a qc	etw. ersetzen
telefonare a qn	j-n anrufen
tentare di fare qc	versuchen. etw. zu tun
vendicarsi di qc	sich für etw. rächen
vergognarsi di qn/qc	sich j-s/e-r Sache schämen

Alphabetische Liste der wichtigsten Verben und unregelmäßigen Verbformen mit deutscher Übersetzung

1. Die hinter dem Verb stehende Zahl bezieht sich jeweils auf die Seitenzahl, auf der das Musterverb steht, nach dem sich das Konjugationsmuster richtet. Hierbei steht ▲ für das Verb auf der oberen Seitenhälfte, ▼ für das auf der unteren.
2. Die Konjugationsmuster der Verben auf **–ere**, die nur in einigen Formen unregelmäßig sind, sind außer der Seitenzahl auch mit Zahlen in [ ] gekennzeichnet.
3. Die regelmäßigen Verben auf **–are** und auf **–ere** wurden nur in Ausnahmefällen in diese Liste aufgenommen.
4. Das Hilfsverb wird angegeben, wenn es von demjenigen des Musterverbs abweicht. Wo es nötig ist, wird dabei auf die transitive oder intransitive Verwendung des Verbs hingewiesen. Reflexive Verben werden stets mit **essere** verbunden und erhalten keinen Hinweis auf das Hilfsverb.
5. Abkürzungen: *a. = auch – ausil. = Hilfsverb – Kond. = Konditional – od. = oder – Part. = Partizip – pass. rem. = passato remoto – Präs. = Präsens – Pers. = Person – s. = siehe – u. = und – itr. = intransitives Verb – tr. = transitives Verb*

A

abbagliare 14 ▼ blenden, verwirren

abbaiare 14 ▼ bellen

abbellire 34 ▲ verschönern; verzieren

abbi, abbia *s.* **avere**

abbiamo *s.* **avere**

abbiano *s.* **avere**

abbiate *s.* **avere**

abboccare (*tr. ausil.:* **avere**) 10 ▲ zusammenstecken

abboccare (*itr. ausil.:* **essere**) 10 ▲ anbeißen; zusammengesteckt, sein

abbonire 34 ▲ beruhigen, besänftigen

abbracciare 11 ▲ umarmen; umfassen

abbreviare 14 ▼ abkürzen, verkürzen

abdicare 10 ▲ abdanken, zurücktreten

abilitare 13 ▲ befähigen

abitare 12 ▲ wohnen

abituare 13 ▲ gewöhnen

abolire 34 ▲ abschaffen, beseitigen

abominare 13 ▲ verabscheuen

aborrire (*ausil.:* **avere**) 34 ▲ verabscheuen

accadere 17 ▼ geschehen, passieren

accelerare 13 ▲ beschleunigen

accendere 28 [1] anzünden

accentuare 13 ▲ akzentuieren, betonen

accerchiare 14 ▼ umzingeln, einkreisen

accesi, -so *s.* **accendere**

accingersi 29 [22] sich anschicken

acclimatare 13 ▲ akklimatisieren

accludere 28 [6] beifügen, beilegen

acclusi, -so *s.* **accludere**

accogliere 23 ▼ aufnehmen, empfangen

accolgo, -colsi, -colto *s.* **accogliere**

accomodare 13 ▲　reparieren;
in Ordnung bringen
acconciare 11 ▲　aufräumen,
schmücken, einmachen
acconsentire 33　zustimmen, einwilligen
accorciare (ausil.: essere) 11 ▲
ab-, verkürzen, kürzen
accorgersi 28 [2]　merken,
bemerken, wahrnehmen
accorrere 28 [10]　herbeieilen
mi accorsi s. accorgersi
accorsi, accorso s. accorrere
accorto s. accorgersi
accrebbi s. accrescere
accreditare 13 ▲　glaubhaft
machen; gutschreiben
accrescere (tr. ausil.: avere) 28
[11]　vermehren
accrescere (itr. ausil.: essere) 28
[11]
anwachsen
accudire 34 ▲　pflegen, versorgen
accumulare 13 ▲　anhäufen
acquisire 34 ▲　erwerben
acuire 34 ▲　zuspitzen; schärfen
addarsi 13 ▼　passen zu (1. Pers.
Präs.: mi addò)
addebitare 13 ▲　belasten; zur
Last legen
addolcire 34 ▲　süßen
addotto, -duco s. addurre
addurre 18 ▲　anführen, vor-
bringen
addussi s. addurre
aderire 34 ▲　haften, kleben
adescare 10 ▲　ködern
adop(e)rare 13 ▲　benutzen,
(ge)brauchen
aerare 12 ▲　lüften
affacciare 11 ▲　(sich) zeigen
affascinare 13 ▲　bezaubern
affascinare 9　bündeln
affaticare 10 ▲　anstrengen,
ermüden
affiancare 10 ▲　zur Seite stellen;
(unter)stützen
affibbiare 14 ▼　zuschnallen,
zuschnüren

affiggere 30 [34]　anschlagen,
anheften
affiliare 14 ▼　aufnehmen
affissi, -so s. affiggere
affliggere 29 [25]　quälen,
belasten
afflissi, -flitto s. affliggere
affluire 34 ▲　zufließen,
zuströmen
affogare (tr. ausil.: avere) 10 ▼
ertränken
affogare (itr. ausil.: essere) 10 ▼
ertrinken
affrancare 10 ▲　befreien;
frankieren, freimachen
affumicare 13 ▼　verräuchern;
räuchern
agevolare 13 ▼　erleichtern
agganciare 11 ▲　anhängen,
ankuppeln
aggiudicare 13 ▼　vergeben;
zuerkennen
aggiungere 29 [24]　hinzufügen,
beifügen
agglomerare 13 ▼　anhäufen
agglutinare 13 ▼　kleben,
zusammenheilen
aggranchire 34 ▲　erstarren
lassen, starr machen
aggredire 34 ▲　angreifen, überfallen
aggregare 10 ▼　angliedern
agire 34 ▲　handeln, tun
agitare 12 ▲　schütteln;
schwenken; erregen
albeggiare (ausil.: essere) 11 ▼
dämmern, tagen
albergare 10 ▼　beherbergen, aufnehmen
allacciare 11 ▲　zuschnüren,
zubinden
allargare 10 ▼　erweitern; ver-
breitern; ausbreiten; ausdehnen
allegare 10 ▼　beifügen,
beilegen
alleggerire 34 ▲　leichter machen;
erleichtern
allestire 34 ▲　herrichten, ausstatten; dekorieren
allineare 13 ▲　aufreihen

allogare 10 ▼   stellen, unterbringen, versorgen

alloggiare 11 ▼   beherbergen, unterbringen

allucinare 13 ▲   halluzinieren

alludere 28 [6]   anspielen

allungare 10 ▼   verlängern, länger machen

allusi, -so s. **alludere**

alterare 12 ▲   (ver)ändern; (ver)fälschen

altercare 10 ▲   streiten, zanken

amalgamare 13 ▲   amalgamieren; vermengen

amareggiare 11 ▼   verbittern

ammesso s. **ammettere**

ammettere 30 [26]   zulassen, annehmen; zugeben

ammisi s. **ammettere**

ammobiliare 14 ▼   möblieren, einrichten

ammonire 34 ▲   ermahnen; rügen; belehren; verwarnen

ammonticchiare 14 ▼   (auf)stapeln

ammucchiare 14 ▼   anhäufen

ammuffire (*ausil.:* **essere**) 34 ▲   (ver)schimmeln; verkümmern

ammutolire (*ausil.:* **essere**) 34 ▲   verstummen

amnistiare 14 ▲   Amnestie erlassen

ampliare 14 ▼   erweitern, ausdehnen

amplificare 13 ▲   erweitern; verstärken

amputare 12 ▲   amputieren

andare 12 ▼   gehen

angosciare 11 ▲   ängstigen

animare 12 ▲   beleben

annegare (*tr. ausil.:* **avere**) 10 ▼   ertränken, ersäufen

annegare (*itr. ausil.:* **essere**) 10 ▼   ertrinken

annerire 34 ▲   schwärzen

annessi, -so s. **annettere**

annettere 31 [41]   anbauen, anfügen; annektieren (*pass. rem. a.* **annettei**)

annoiare 14 ▼   langweilen

annunciare 11 ▲   bekanntgeben; ansagen; ankündigen

annunziare 14 ▼   bekanntgeben; ansagen; ankündigen

anticipare 13 ▲   vorziehen; vorwegnehmen

apersi, aperto s. **aprire**

appaio s. **apparire**

apparecchiare 14 ▼   (vor)bereiten, herrichten; decken

apparire 34 ▼   erscheinen; scheinen

apparsi, -so s. **apparire**

appartenere (*ausil.:* **avere/essere**) 25 ▼   gehören; angehören

apparvi s. **apparire**

appassire 34 ▲   (ver)welken

appendere 30 [35]   aufhängen

appesi, -so s. **appendere**

appetire 34 ▲   Appetit machen

appiccare (il fuoco) 10 ▲   in Brand setzen

appiccicare 13 ▲   anheften, ankleben

appigliarsi 14 ▼   sich festhalten; sich klammern

applaudire (*ausil.:* **avere**) 34 ▲   applaudieren

applicare 10 ▲   anbringen; aufkleben; auferlegen; anwenden

appoggiare (*ausil.:* **essere**) 11 ▼   (ab)stellen; anlehnen

apprendere 30 [35]   (er)lernen

appresi, -so s. **apprendere**

approfondire 34 ▲   vertiefen, tiefer machen; genau prüfen

approssimare 13 ▲   (an)nähern

aprire 35 ▲   öffnen

ardere (*ausil.:* **avere/essere**) 31 [47]   (ver)brennen

ardire 34 ▲   wagen

arieggiare 11 ▼   lüften

arrabbiare (*ausil.:* **essere**) 14 ▼   tollwütig werden

arrabbiarsi 14 ▼   wütend werden

arrampicarsi 13 ▲   klettern

arrangiarsi 11 ▼   zurechtkommen

arricchire (*ausil.:* **essere**) 34 ▲   bereichern; anreichern

arricciare 11 ▼   kräuseln; locken

arridere 31 [40] zulächeln
arrischiare 14 ▼ riskieren, wagen
arrisi, -so s. **arridere**
arrogarsi 10 ▼ sich anmaßen
arrossire (*ausil.*: **essere**) 34 ▲
  erröten
arrostire (*ausil.*: **essere**) 34 ▲
  braten; rösten; grillen
arrotolare 13 ▲ aufrollen, zusam-
  menrollen
arrugginire (*ausil.*: **essere**) 34 ▲
  rosten lassen, rostig machen
arsi, arso s. **ardere**
articolare 13 ▲ artikulieren, aussprechen; gliedern
ascendere (*ausil.*: **essere**) 30 [35]
  hinaufsteigen
ascesi, -so s. **ascendere**
asciugare 10 ▼ trocknen;
  abtrocknen
aspergere 31 [47]
assaggiare 11 ▼ kosten, versuchen, probieren
assalire 37 ▼ angreifen; überfallen
  (*pass. rem. a.* **assalsi**)
assentire 33 zustimmen
asserire 34 ▲ behaupten,
  beteuern, versichern
assiderare 13 ▲ erfrieren lassen
assistere 32 teilnehmen,
  anwesend sein; helfen
associare 11 ▲ als Mitglied aufnehmen; vereinigen; assoziieren
assolsi, -solto s. **assolvere**
assolvere 28 [3] freisprechen;
  entbinden
assomigliare (*ausil.*: **avere/
  essere**) 14 ▼ ähneln, gleichen
assopirsi 34 ▲ einnicken
assorbire (*ausil.*: **avere**) 34 ▲
  aufsaugen; absorbieren; ver-
  einnahmen
assordare 9 taub machen,
  betäuben, dämpfen
assortire 34 ▲ sortieren, zusam-
  menstellen
assottigliare 14 ▼ dünner/feiner
  machen
assumere 28 [4] annehmen

assunsi, -sunto s. **assumere**
astenersi 25 ▼ sich enthalten
astergere 31 [47] abtrocknen,
  abwischen
astraggo s. **astrarre**
astrarre 26 ▲ abstrahieren
astretto s. **astringere**
astringere 31 [50] adstringieren
attaccare 10 ▲ befestigen;
  anfangen; angreifen
atteggiarsi 11 ▼ sich gebärden,
  sich verhalten
attendere 30 [35] erwarten,
  warten auf
attenersi 25 ▼ sich halten
attesi, -so s. attendere
attingere 29 [22] schöpfen; ent-
  nehmen
attorcere 31 [45] drehen, aufwickeln
attraggo s. **attrarre**
attrarre 26 ▲ anziehen; ver-
  locken
attribuire 34 ▲ zuerkennen;
  zuschreiben; beimessen
augurare 12 ▲ wünschen
autenticare 13 ▲ beglaubigen
avere 5 haben
avvantaggiare 11 ▼ bevorteilen,
  begünstigen
avvenire 39 ▼ geschehen, passieren, sich ereignen
avvertire (*ausil.*: **avere**) 33 auf-
  merksam machen, hinweisen;
  warnen
avviare 14 ▲ hinführen; ein-
  leiten
avvolgere 32 [54] wickeln; um-
  wickeln; aufwickeln
avvoltolare 13 ▲ zusammen-
  wickeln, -rollen

B

baciare 11 ▲ küssen
barricare 10 ▲ verbarrikadieren
beccare 10 ▲ (auf)picken;
  erwischen
benedire 19 ▲ segnen
bere 17 ▲ trinken
bevo, bevvi s. **bere**

biancheggiare 11 ▼   weiß leuchten, weißen

biforcarsi 10 ▲   sich gabeln

bilanciare 11 ▼   balancieren mit; ausgleichen, im Gleichgewicht halten

bisbigliare 14 ▼   (zu)flüstern, wispern

bloccare 10 ▲   (ab)sperren, verriegeln; sperren, blockieren

bocciare 11 ▼   durchfallen lassen; ablehnen

bollire (*ausil.:* **avere**) 33   kochen, sieden

bonificare 13 ▲   urbar machen; trockenlegen

brontolare 12 ▲   murren, brummen; grollen

bruciare (*tr. ausil.:* **avere**) 11 ▼ verbrennen; anbrennen lassen

bruciare (*itr. ausil.:* **essere**) 11 ▼ brennen

brulicare 10 ▲   wimmeln

bucare 10 ▲   durchlöchern; lochen

buscarsi 10 ▲   kriegen

C

cacciare 11 ▲   jagen; verjagen, vertreiben

caddi *s.* **cadere**

cadere 17 ▼   (hin-, um)fallen; hinunterfallen, -stürzen

calcolare 12 ▲   berechnen, ermitteln; abwägen

cambiare (*tr. ausil.:* **avere**) 14 ▼ (ver)tauschen; wechseln

cambiare (*itr. ausil.:* **essere**) 14 ▼ sich verändern

campeggiare 11 ▼   campen, zelten; hervorstechen

capire 34 ▲   verstehen, begreifen; hören

capitare (*ausil.:* **essere**) 12 ▲ (zufällig) kommen, geraten; sich bieten

caricare 10 ▲   (be)laden; aufladen; laden

cascare (*ausil.:* **essere**) 10 ▲ fallen

castigare 10 ▼   bestrafen

cavalcare 10 ▲   reiten; aufsteigen auf; besteigen

celebrare 12 ▲   feiern; zelebrieren

cercare 10 ▲   suchen; nachschlagen; streben nach; versuchen

chiacchierare 13 ▲   plaudern, schwatzen

chiarificare 10 ▲   klären; klarstellen

chiarire 34 ▲   klären, klarstellen; aus der Welt schaffen

chiedere 28 [5]   fragen nach; bitten um, erbitten

chiesi *s.* **chiedere**

chiesto *s.* **chièdere**

chiudere 28 [6]   schließen, zumachen; (ver)sperren

chiusi, -so *s.* **chiudere**

cingere 29 [22]   umschließen, umgeben; umhüllen

cinsi, cinto *s.* **cingere**

circolare (*ausil.:* **avere/essere**) 12 ▲   fahren; fließen; sich bewegen; zirkulieren

coesistere 32 [56]   nebeneinander bestehen; koexistieren

cogliere 23 ▼   pflücken; ernten; ergreifen; erfassen

coincidere 28 [12]   zusammenfallen; sich entsprechen; übereinstimmen

colgo *s.* **cogliere**

collaborare 13 ▲   mitarbeiten, zusammenarbeiten; kollaborieren

collegare 10 ▼   verbinden; in Verbindung setzen

collocare 10 ▲   setzen, stellen, legen; unterbringen

colorire 34 ▲   kolorieren; ausschmücken

colpire 34 ▲   treffen; schlagen; beeindrucken

colsi, colto *s.* **cogliere**

cominciare (*tr. ausil.:* **avere**) 11 ▲ anfangen (mit); beginnen (mit)

cominciare (*itr. ausil.:* **avere/essere**) 11 ▲   anfangen (mit); beginnen (mit)

commesso *s.* **commettere**
commettere 30 [26]   begehen
commisi *s.* **commettere**
commossi, -mosso *s.* **commuo-**
  vere
commuovere 20 ▼   rühren,
  ergreifen, bewegen
comparire 34 ▼   erscheinen; auf-
  treten, in Erscheinung treten
compartire 34 ▲ *od.* 33   auf-,
  einteilen
compiacere (*ausil.:* **avere**) 21 ▼
  entgegenkommen; zufrieden-
  stellen
compiangere 30 [32]   bedauern
compitare 12 ▲   buchstabieren
complicare 10 ▲   komplizieren,
  schwierig(er) machen
compongo *s.* **comporre**
comporre 22 ▲   bilden; verfassen;
  komponieren
composi, -posto *s.* **comporre**
comprendere 30 [35]   verstehen,
  begreifen; umfassen, enthalten
compresi, -so *s.* **comprendere**
compressi, -presso *s.* **comprimere**
comprimere 29 [13]   zusammen-
  drücken; komprimieren
compungere (*ausil.:* **avere**) 29 [24]
compunsi, -punto *s.* **compungere**
computare 12 ▲   berechnen;
  ausrechnen
comunicare 10 ▲   mitteilen;
  bekannt geben
concedere 28 [7]   gewähren,
  zugestehen; einräumen
concessi, -so *s.* **concedere**
concludere 28 [6]   beenden,
  abschließen; schließen, folgern
conclusi, -so *s.* **concludere**
concorrere (*ausil.:* **avere**) 28 [10]
  teilnehmen; sich bewerben; mit-
  machen
concorsi, -so *s.* **concorrere**
condire 34 ▲   würzen, ab-
  schmecken
condiscendere 31 [44]   eingehen,
  einwilligen
condolersi 19 ▼   Beileid aussprechen, mittrauern

condotto, -duco*s. s.* **condurre**
condurre 18 ▲   fahren, führen;
  begleiten; leiten
condussi *s.* **condurre**
configgere 31 [25]
confiscare 10 ▲   konfiszieren,
  beschagnahmen
confissi, -fitto *s.* **configgere**
confondere 28 [8]   verwechseln,
  durcheinander bringen
confusi, -so *s.* **confondere**
congiungere (*ausil.:* **avere**) 29 [24]
  verbinden; falten
congratularsi 13 ▲   gratulieren
connessi, -so *s.* **connettere**
connettere 31 [41]   verbinden,
  zusammenfügen
conobbi *s.* **conoscere**
conoscere 28 [9]   kennen; sich
  auskennen; können
conseguire (*tr. ausil.:* **avere**) 33
  erreichen, erlangen
conseguire (*itr. ausil.:* **essere**) 33
  folgen, hervorgehen
consentire (*ausil.:* **avere**) 33
  zustimmen; zulassen
considerare 13 ▲   berücksich-
  tigen, bedenken; abwägen,
  abschätzen
consigliare 14 ▼   raten, empfehlen; beraten
consistere 32 [57]   bestehen
consolidare 13 ▲   festigen; kon-
  solidieren; ausbauen; vertiefen
constare (*ausil.:* **essere**) 9
  bestehen; sich ergeben
conteggiare 11 ▼   ausrechnen
contendere 30 [35]   streitig
  machen (wollen); rivalisieren
contenere 25 ▼   enthalten,
  fassen
contesi, -so *s.* **contendere**
continuare (*ausil.:* **avere/essere**)
  13 ▲   fortfahren, weitermachen,
  andauern
contorcere 31   verdrehen
contraddire 19 ▲   widersprechen
contraffare 20 ▲   nachmachen,
  imitieren; fälschen
  (*1. Pers. Präs. a.* **contraffò**)

contraggo *s.* **contrarre**

contrapporre 22 ▲ entgegensetzen; entgegenstellen

contrarre 26 ▲ (ab)schließen;
schließen; übernehmen; sich
zuziehen

contrassi, -tratto *s.* **contrarre**

contravvenire (*ausil.:* **avere**) 39 ▼
zuwiderhandeln

contribuire 34 ▲ beitragen, sich
beteiligen

convalidare 13 ▲ bestätigen

convengo *s.* **convenire**

convenire (*ausil.:* **avere/essere**) 39
▼ zusammenkommen; sich
einigen, übereinstimmen;
angemessen sein; passen

convergere 31 [47] zusammen-
laufen; übereinstimmen

convertire (*ausil.:* **avere**) 33 um-
wandeln; bekehren; konvertieren;
verwandeln

convincere 32 [53] überzeugen

convivere (*ausil.:* **avere/essere**) 27
▼ zusammenlegen

convocare 10 ▲ zusammenrufen;
einberufen

cooperare 13 ▲ zusammenarbeiten, kooperieren; mitarbeiten

coordinare 13 ▲ koordinieren;
beiordnen

copersi, -to *s.* **coprire**

coprire 35 ▲ bedecken; einhüllen

correggere 29 [25] korrigieren,
verbessern

correre 28 [10] laufen, rennen;
fahren

corressi, corretto *s.* **correggere**

corrispondere 31 [42] entsprechen, übereinstimmen;
korrespondieren

corroborare 13 ▲ stärken

corrodere 28 [6] zersetzen, zerfressen

corrompere 31 [43] korrumpie-
ren; bestechen; verderben

corrosi, -so *s.* **corrodere**

corrotto *s.* **corrompere**

corruppi *s.* **corrompere**

corsi, corso *s.* **correre**

cospargere 31 [47] bestreuen;
übersäen

cossi *s.* **cuocere**

costituire 34 ▲ gründen; darstellen; bilden; ernennen; konsti-
tuieren

costretto *s.* **costringere**

costringere 31 [50] zwingen

costrinsi *s.* **costringere**

costruire 34 ▲ (er-, auf)bauen;
konstruieren; errichten

cotto *s.* **cuocere**

crebbi *s.* **crescere**

crescere 28 [11] wachsen;
zunehmen

criticare 10 ▲ kritisieren;
besprechen

crocifiggere 30 [34] kreuzigen

cucire (*ausil.:* **avere**) 33 nähen
(*1. Pers. Präs.:* **cucio**)

culminare (*ausil.:* **essere**) 12 ▲
gipfeln, kulminieren

cuocere 13 ▲ garen; braten;
backen

D

dà *s.* **dare**

dai *s.* **dare**

danneggiare 11 ▼ beschädigen;
schädigen, schaden

danno *s.* **dare**

dare 13 ▼ geben; überreichen

date *s.* **dare**

debbo *s.* **dovere**

decadere 17 ▼ verfallen; ver-
armen;

decidere 28 [12] beschließen,
entscheiden

decisi, -so *s.* **decidere**

decrescere 28 [11] abnehmen;
zurückgehen, fallen

dedicare 10 ▲ widmen; weihen

dedotto, -duco *s.* **dedurre**

dedurre 18 ▲ folgern, schließen;
abziehen

dedussi *s.* **dedurre**

definire 34 ▲ beschreiben;
definieren, erklären

delegare 10 ▼ beauftragen,
delegieren; ermächtigen

deludere 28 [6]   enttäuschen
delusi, -so s. **deludere**
demmo s. **dare**
demolire 34 ▲   demolieren; abreißen; verschrotten
denominare 13 ▲   (be)nennen, bezeichnen;
denunciare 11 ▲   anzeigen; brandmarken; (an)melden
denunziare 14 ▼   anzeigen; brandmarken; (an)melden
depongo s. **deporre**
deporre 22 ▲   absetzen, ablegen; (nieder)legen
deposi s. **deporre**
depositare 13 ▲   absetzen, -stellen, -legen; deponieren, hinterlegen
deposto s. **deporre**
depressi, -o s. **deprimere**
deprimere 29 [13]   deprimieren, bedrücken
deragliare 14 ▼   entgleisen
deridere 31 [40]   auslachen, verspotten
descrivere 31 [46]   beschreiben; schildern
desiderare 13 ▲   wünschen; begehren
desistere 32 [58]   zurücknehmen; absehen
dessi s. **dare**
desti s. **dare**
desumere 28 [4]   folgern, schließen
desunsi, -sunto s. **desumere**
detenere 25 ▼   besitzen, bei sich führen; halten; innehaben
detergere 31 [47]
determinare 13 ▲   festlegen, bestimmen
detrarre 26 ▲   abziehen, abrechnen
detto s. **dire**
devo s. **dovere**
dia s. **dare**
diamo s. **dare**
diano, diate s. **dare**
dico s. **dire**
diedi s. **dare**

difendere 31 [14]   verteidigen; vertreten; schützen
difesi, -so s. **difendere**
differire 34 ▲   verschieben; aufschieben; unterschiedlich sein, differieren
diffondere 29 [23]   aus-, verbreiten
diffusi, -so s. **diffondere**
digerire 34 ▲   verdauen; fressen, bewältigen; ertragen
dilaniare 14 ▼   zerreißen, zerfetzen; zerfleischen
dimenticare 13 ▲   vergessen; vernachlässigen
dimettere 30 [26]   entlassen;
diminuire (*tr. ausil.:* **avere**) 34 ▲   vermindern, verringern
diminuire (*itr. ausil.:* **essere**) 34 ▲   geringer werden; abnehmen
dipendere (*ausil.:* **essere**) 30 [35]   abhängen, bedingt sein, beruhen
dipesi, -so s. **dipendere**
dipingere 31 [22]   malen; (aus-, be)malen; zeichnen
dipinsi, -to s. **dipingere**
dire 19 ▲   sagen; erzählen; sprechen, reden; heißen, bedeuten
diressi s. **dirigere**
diretto s. **dirigere**
dirigere 29 [15]   leiten, führen; lenken; dirigieren; richten
discendere 30 [35]   abstammen; hinunter-, hinabsteigen; aussteigen
discesi, -so s. **discendere**
disciogliere 23 ▼   auflösen; befreien
disciolgo, -sciolsi, -sciolto s. **disciogliere**
disconoscere 28 [9]   nicht anerkennen
discorrere (*ausil.:* **avere**) 28 [10]   sich unterhalten, reden
discorsi, -so s. **discorrere**
discreditare 13 ▲   in Verruf bringen, diskreditieren
discussi, -so s. **discutere**

discutere 29 [16]   diskutieren, besprechen, erörtern; bestreiten, bezweifeln

disdire 19 ▲   kündigen; rückgängig machen, stornieren

disfare 20 ▲   auflösen; zerstören; auf-, abdecken
  (*1. Pers. Präs. a.* **disfò, disfo**)

disgiungere (*ausil.:* **avere**) 29 [24]

disgregare 10 ▼   auseinander brechen (lassen), zersplittern

disparire 34 ▼   verschwinden

dispiacere 21 ▼   missfallen, nicht gefallen, nicht zusagen

disporre 22 ▲   aufstellen, anordnen; vorbereiten, einstimmen; veranlassen

disputare 12 ▲   disputieren, diskutieren; (sich) streiten

dissi *s.* **dire**

dissimulare 13 ▲   verheimlichen, verbergen; verhehlen; vorspiegeln, heucheln

dissolsi, -solto *s.* **dissolvere**

dissolvere 28 [3]   auflösen; zerstreuen; vertreiben

dissuadere 30 [31]   abbringen, ausreden

dissuasi, -so *s.* **dissuadere**

distaccare 10 ▲   abnehmen, ablösen, trennen; wegbringen, entfernen

distendere 30 [35]   ausbreiten; ausstrecken; (hin)legen; entspannen

distesi, so *s.* **distendere**

distinguere 29 [17] auseinander halten, unterscheiden; wahrnehmen; erkennen

distinsi, -to *s.* **distìnguere**

distogliere 23 ▼   abbringen; ablenken; abwenden

distolgo, -tolsi, -tolto *s.* **distogliere**

distorcere 31 [45]   verziehen, verzerren; entstellen

distrarre 26 ▲   ablenken; zerstreuen

distribuire 34 ▲   verteilen, austeilen; versorgen mit; austragen, zustellen

distruggere 29 [18]   zerstören, vernichten; ausrotten, zunichte machen

distrussi, -strutto *s.* **distruggere**

divellere 31 [51]   entwurzeln, ausreißen

divengo *s.* **divenire**

divenire 35 ▼   werden

diverrò *s.* **divenire**

divertire (*ausil.:* **avere**) 33   unterhalten, amüsieren, vergnügen

dividere 29 [19]   (auf)teilen; dividieren

divieni *s.* **divenire**

divisi, -so *s.* **dividere**

divorziare 14 ▼   sich scheiden lassen

do *s.* **dare**

dobbiamo *s.* **dovere**

docciare 11 ▲   duschen

ci dogliamo *s.* **dolersi**

dolersi 19 ▼   Schmerz empfinden, bedrückt sein

mi dolgo *s.* **dolersi**

mi dolsi *s.* **dolersi**

domesticare 10 ▲   zähmen, bändigen

dominare 12 ▲   (be)herrschen; überlegen sein; dominieren

dondolare 12 ▲   schaukeln

doppiare 14 ▼   umschiffen; überrunden; synchronisieren

dormire (*ausil.:* **avere**) 33   schlafen; ruhen

mi dorrò *s.* **dolersi**

dovere 7 ▲   müssen, sollen

drappeggiare 11 ▼   drappieren; einhüllen

dubitare 12 ▲   (be-, an)zweifeln, in Zweifel sein; misstrauen

ti duoli *s.* **dolersi**

duplicare 10 ▲   duplizieren

E

e *s.* **essere**

ebbi *s.* **avere**

eccellere (*ausil.:* **avere/essere**) 28 [10]   sich auszeichnen, hervortun; überlegen sein

eccelsi, -so *s.* **eccellere**

eccettuare 13 ▲ ausnehmen, ausschließen, absehen von

eccitare 12 ▲ erregen, aufregen; aufhetzen; anregen

echeggiare (ausil.: avere/essere) 11 ▼ widerhallen, (er)tönen

edificare 10 ▲ (er)bauen, errichten

educare 10 ▲ erziehen; gewöhnen

eleggere 29 [25] wählen

elessi, eletto s. eleggere

elidere 28 [12] elidieren

eliminare 13 ▲ beseitigen, entfernen; ausschließen, ausscheiden; aus dem Weg räumen

elisi, -so s. elidere

eludere 28 [6] ausweichen, umgehen

elusi, -so s. elùdere

emergere (ausil.: essere) 31 [47] emporragen; auftauchen; sich hervortun; deutlich werden

emersi, -so s. emergere

emettere 30 [26] hervor-, herausbringen; ausstrahlen

emulare 12 ▲ nacheifern

enumerare 13 ▲ aufzählen

equipaggiare 11 ▼ ausrüsten; bemannen

equivalere (ausil.: avere/essere) 26 ▼ entsprechen, gleichkommen

era, erano s. essere

eravamo, -vate s. essere

eressi, eretto s. erigere

ergere 29 [22] erheben, emporrichten

eri s. essere

erigere 29 [15] errichten, erbauen; gründen

ero s. essere

ersi, erto s. ergere

esagerare 13 ▲ übertreiben

esaminare 13 ▲ prüfen; untersuchen; vernehmen, verhören

esatto s. esigere

esca, esce, esci s. uscire

escludere 28 [6] ausschließen

esclusi, -so s. escludere

esco s. uscire

eseguire (ausil.: avere) 33 od. 34 ▲ aus-, durchführen; vortragen

esercitare 13 ▲ ausüben; üben

esibire 34 ▲ vorzeigen, vorlegen; zeigen. zur Schau stellen

esigere 32 [59] verlangen, fordern

esistere 32 [60] existieren, bestehen; vorhanden sein; leben

espandere 31 [47] ausdehnen, erweitern

espansi, -so s. espandere

espellere 29 [20] aus-, verweisen; ausstoßen, ausschließen

esplodere (itr. ausil.: avere/essere) 29 [12] explodieren; ausbrechen

esplodere (tr. ausil.: avere) 29 [12] abfeuern

esplosi, -so s. esplodere

espongo s. esporre

esporre 22 ▲ aussetzen, ausstellen

esposi, -posto s. esporre

espressi, so s. esprimere

esprimere 29 [21] ausdrücken, zum Ausdruck bringen

espulsi, -so s. espellere

essere 6 sein

estendere 30 [35] erweitern, vergrößern; ausdehnen

estesi, -so s. estendere

estinguere 29 [17] löschen; tilgen

estinsi, -to s. estinguere

estraggo s. estrarre

estrarre 26 ▲ aus-, herausziehen

estrassi, -tratto s. estrarre

evadere (itr. ausil.: essere) 30 [36] ausbrechen; sich befreien; fliehen

evadere (tr. ausil.: avere) 30 [36] bearbeiten, erledigen; sich entziehen

evasi, -so s. evadere

evitare 12 ▲ vermeiden; meiden; umgehen, ausweichen

evocare 10 ▲ beschwören, heraufbeschwören

F

fa *s.* **fare**
fabbricare 10 ▲   (er-, auf)bauen; herstellen; erfinden
faccia, facciamo *s.* **fare**
faccio *s.* **fare**
facevo *s.* **fare**
facilitare 13 ▲   erleichtern; entgegenkommen; helfen, nützen
fai *s.* **fare**
fallire (*itr. ausil.:* **essere**) 34 ▲ Konkurs machen; misslingen, scheitern
fallire (*tr. ausil.:* **avere**) 34 ▲   verfehlen
falsificare 13 ▲   fälschen
fanno *s.* **fare**
fare 20 ▲   machen; verfassen; ausüben
fasciare 11 ▲   verbinden; wickeln; umschließen
fascinare *s.* **affascinare**
fatto *s.* **fare**
favorire 34 ▲   begünstigen; fördern
feci *s.* **fare**
felicitarsi 13 ▲   sich freuen
fendere 16   spalten; durchpflügen (*Part. a.* **fesso**)
ferire 34 ▲   verletzen; verwunden; blenden
festeggiare 11 ▼   feiern; festlich empfangen
ficcare 10 ▲   stecken
figgere 29 [25]   stecken, schlagen, treiben
fingere 29 [22]   vortäuschen; sich verstellen, so tun
finire (*tr. ausil.:* **avere**) 34 ▲ beenden, abschließen; aufhören; verbrauchen
finire (*itr. ausil.:* **essere**) 34 ▲   zu Ende gehen, ausgehen; sterben
finsi, finto *s.* **fingere**
fiorire (*itr. ausil.:* **essere**) 34 ▲ blühen
fiorire (*tr. ausil.:* **avere**) 34 ▲   verzieren, schmücken
fischiare 14 ▼   pfeifen, zischen
fissi, fitto *s.* **figgere**

flessi, flesso *s.* **flettere**
flettere 31 [41]   biegen, beugen
fluire (*ausil.:* **essere**) 34   fließen; strömen
foderare 12   füttern; einbinden
fondere 29 [23]   schmelzen; gießen; verschmelzen
formulare 12   formulieren
fornire 34 ▲   versorgen, beliefern, liefern
fortificare 10 ▲   befestigen; kräftigen, stärken
fosse, fossero *s.* **essere**
fossi, fossimo *s.* **essere**
foste, fosti *s.* **essere**
fotografare 13 ▲   fotografieren, aufnehmen
frangere 30 [32]   brechen, sich brechen
fransi, franto *s.* **frangere**
frapporre 22 ▲   dazwischenlegen, -stellen, -setzen
fregare 10 ▼   scheuern; anschmieren; klauen
friggere 29 [25]   backen, braten; fritieren
frissi, fritto *s.* **friggere**
fu *s.* **essere**
fuggire (*itr. ausil.:* **essere**) 33 fliehen, flüchten; davoneilen
fuggire (*tr. ausil.:* **avere**) 33 meiden, fliehen
fui *s.* **essere**
fummo *s.* **essere**
fungere 29 [22]   fungieren; amtieren
funsi, funto *s.* **fungere**
furono *s.* **essere**
fusi, fuso *s.* **fondere**

G

galleggiare 11 ▼   schwimmen, treiben
garantire 34 ▲   bürgen; haften; Garantie leisten; garantieren, versichern
germogliare (*ausil.:* **avere/essere**) 14 ▼   sprießen, treiben; keimen
giaccio *s.* **giacere**

giacere 21 ▼   ruhen
giacqui s. **giacere**
giganteggiare 11 ▼   hervor-, herausragen; hervorstechen
giocare 10 ▲   spielen; spekulieren
giubilare 12 ▲   frohlocken; jubilieren
giudicare 10 ▲   entscheiden; verurteilen; beurteilen
giungere 29 [24]   (an)kommen, eintreffen
giunsi, giunto s. **giungere**
gioco s. **giocare**
giustificare 10 ▲   rechtfertigen; entschuldigen
gradire 34 ▲   (gern) mögen, annehmen; wünschen
guarire (*tr. ausil.:* **avere**) 34 ▲   heilen, gesund machen
guarire (*itr. ausil.:* **essere**) 34 ▲   gesund werden, genesen

H
ha, hai s. **avere**
hanno s. **avere**
ho s. **avere**

I
illudere 28 [6]   falsche Hoffnungen machen
illuminare 13 ▲   be-, erleuchten, erhellen; aufklären
illusi, -so s. **illudere**
imbalsamare 13 ▲   einbalsamieren; ausstopfen
imbarcare 10 ▲   einschiffen, an Bord nehmen
imbastire 34 ▲   heften, (an)reihen; entwerfen
imbiancare (*tr. ausil.:* **avere**) 10 ▲   weiß färben; weißwaschen; bleichen
imbiancarsi 10 ▲   weiß werden
imboccare 10 ▲   füttern; einflüstern; einbiegen
imbottigliare 14 ▼   (in Flaschen) abfüllen
imbottire 34 ▲   füllen; wattieren; polstern

imbrogliare 14 ▼   durcheinanderbringen; in die Irre führen; betrügen
imbucare 10 ▲   einwerfen; ver-, ablegen
imitare 12 ▲   imitieren, nachahmen
immaginare 13 ▲   sich vorstellen; sich ausdenken; erfinden
immergere 31 [47]   (ein)tauchen; hineinstoßen; versenken
immersi, -so s. **immergere**
immischiare 14 ▼   hineinziehen, verwickeln
impaccare 10 ▲   ver-, einpacken
impadronirsi 34 ▲   sich bemächtigen; sich aneignen
impallidire (*ausil.:* **essere**) 34 ▲   erblassen; verblassen
impazientirsi 34 ▲   ungeduldig werden
impedire 34 ▲   behindern; versperren; hindern; abhalten
impicciare 11 ▲   behindern; stören; versperren
impiegare 10 ▼   anwenden; verwenden; brauchen; verbringen
imporre 22 ▲   vorschreiben; auferlegen; aufzwingen
imprecare 10 ▲   fluchen
impressi, -so s. **imprimere**
imprimere 29 [13]   auf-, einprägen; aufdrücken; verleihen
inamidare 13 ▲   stärken
inaugurare 13 ▲   feierlich eröffnen; eröffnen, einweihen
incaricare 10 ▲   beauftragen
incidere 28 [12]   belasten; sich auswirken auf
incidere 28 [12]   ein-, aufschneiden; (ein)ritzen
incisi, -so s. **incidere**
includere 28 [6]   einfügen; einschließen, einbeziehen
inclusi, -so s. **includere**
incominciare (*tr. ausil.:* **avere**) 11 ▲   beginnen, anfangen
incominciare (*itr. ausil.:* **avere/essere**) 11 ▲   beginnen, anfangen

incorniciare 11 ▲ (ein)rahmen; umrahmen

incorporare 13 ▲ vermengen; einverleiben; eingliedern

incorrere (*ausil.:* **essere**) 28 [10] verfallen

incrociare 11 ▲ kreuzen; verschränken; treffen, begegnen

incussi, -so *s.* **incutere**

incutere 31 [16] einflößen; einjagen

indagare 10 ▼ erforschen; ermitteln

indebolire 34 ▲ schwächen

indicare 12 ▲ zeigen auf; (an)zeigen, angeben; empfehlen

indire 19 ▲ ansagen; ausschreiben; einberufen

indotto, -duco *s.* **indurre**

indulgere 32 [54] Nachsicht haben, sich hingeben, fröhnen

indulsi, -dulto *s.* **indulgere**

indurre 18 ▲ bewegen, veranlassen; verleiten; verführen

indussi *s.* **indurre**

infiggere 30 [34] (hin)einschlagen; (hin)einrammen (*Part. a.* **infitto**)

infissi, -so *od.* **-fitto** *s.* **infiggere**

infliggere 29 [25] auferlegen, verhängen

inflissi, -flitto *s.* **infliggere**

influire 34 ▲ einwirken, beeinflussen

infondere 28 [8] einflößen; erwecken

infrangere 30 [32] zerbrechen; brechen, übertreten

inghiottire (*ausil.:* **avere**) 34 ▲ (hinunter)schlucken; (ver)schlucken, -schlingen

inginocchiarsi 14 ▼ sich niederknien

ingrandire (*tr. ausil.:* **avere**) 34 ▲ vergrößern; steigern

ingrandire (*itr. ausil.:* **essere**) 34 ▲ groß (größer) werden, wachsen

inscrivere 31 [46] einschreiben

inserire 34 ▲ einfügen, -stecken

insidiare 14 ▼ auflauern, in einen Hinterhalt locken

insistere 32 [61] bestehen, beharren

insorgere (*ausil.:* **essere**) 31 [45] aufstehen, sich erheben; erscheinen

insorsi, -sorto *s.* **insorgere**

intascare 10 ▲ einstecken, in die Tasche stecken

intendere 30 [35] auslegen, deuten; verstehen; vernehmen, hören

interdire 19 ▲ untersagen, verbieten

interrogare 10 ▼ (be)fragen, anfragen bei; abhören, -fragen

interrompere 31 [43] unterbrechen, abbrechen; einstellen

intervenire 39 ▼ sich beteiligen; intervenieren; eingreifen, sich einmischen

intesi, -so *s.* **intendere**

intimidire (*tr. ausili.:* **avere**) 34 ▲ schüchtern/ängstlich machen

intimidirsi 34 ▲ schüchtern/ängstlich werden

intimorire 34 ▲ (ver)ängstigen, (ver)schüchtern

intingere 29 [22] eintauchen, -tunken

intitolare 13 ▲ betiteln, überschreiben; widmen

intonacare 10 ▲ verputzen

intossicare 10 ▲ vergiften

intraprendere 30 [35] unternehmen; einschlagen

intrattenere 25 ▼ unterhalten

intra(v)vedere 27 ▲ erblicken

intrecciare 11 ▲ flechten, verschlingen, (ver)kreuzen; knüpfen, spinnen

intricare 10 ▲ verwickeln, verwirren

intridere 28 [12] einrühren, einkneten

intrigare 10 ▼ intrigieren

intrisi, -so *s.* **intridere**

introdotto, -duco *s.* **introdurre**

introdurre 18 ▲ (hinein)stecken,
einführen; eintreten lassen; vorstellen

introdussi *s.* introdurre

intromettersi 30 [26] dazwi-
schentreten; sich einmischen

intrudere 28 [6] eindringen

intrufolare 13 ▲ einschmuggeln

intrugliare 14 ▼ mischen

intrusi, -so *s.* intrudere

invadere 30 [36] überfallen; einnehmen; stürmen

invalere 26 ▼ durchsetzen,
sich verbreiten *(meist nur 3. Pers.
Sg./Pl. u. participio passato)*

invalidare 13 ▲ für ungültig
erklären; anfechten

invasi, -so *s.* invadere

invecchiare *(itr. ausil.:* essere) 14
▼ altern, alt werden

invecchiare *(tr. ausil.:* avere) 14 ▼
alt werden lassen; alt machen

inverniciare 11 ▲ anstreichen,
sich schminken

invertire *(ausil.:* avere) 34 ▲
umkehren; ändern; (aus)tauschen

investigare 10 ▼ erforschen,
untersuchen

investire *(ausil.:* avere) 33
betrauen; verleihen; investieren;
zusammenstoßen

inviare 14 ▲ (ver)schicken,
(über-, ver)senden

invocare 10 ▲ anflehen, anrufen;
erbitten; beschwören

invogliare 14 ▼ anregen

involgere 32 [54] einwickeln,
-packen, -schlagen

inzuccherare 13 ▲ zuckern, ver-
süßen

irridere 32 [40] auslachen

irrigare 10 ▼ bewässern

irrisi, -so *s.* irridere

irritare 12 ▲ reizen, ärgern,
erzürnen

irrompere 31 [43] einbrechen,
eindringen

iscrivere *s.* inscrivere

isolare 12 ▲ isolieren,
(ab)trennen

istigare 10 ▼ anstiften

istituire 34 ▲ gründen; stiften;
ernennen

istruire 34 ▲ unterrichten, lehren;
erziehen, bilden; anleiten, instru-
ieren

L

lacerare 12 ▲ zerreißen, zerfetzen

lambiccarsi 10 ▲ (den Kopf) zerbrechen

lambire 34 ▲ (ab)lecken; leicht
berühren, streifen

laminare 12 ▲ (aus)walzen

lampeggiare *(ausil.:* avere/essere)
11 ▼ blitzen

lanciare 11 ▲ schleudern, werfen; abschießen

languire *(ausil.:* avere) 34 ▲ sich
verzehren, schmachten; ermatten

lasciare 11 ▲ lassen, zurück-
lassen; verlassen

lastricare 10 ▲ pflastern

leccare 10 ▲ lecken, ablecken,
schlecken

ledere 28 [12] verletzen, schädigen

legare 10 ▼ binden, an-, fest-
binden; zu-, verschnüren

leggere 29 [25] lesen; vorlesen

legittimare 13 ▲ legitimieren,
als rechtsgültig anerkennen

lenire 34 ▲ lindern, mildern,
stillen

lesi, leso *s.* ledere

lessi *s.* leggere

letto *s.* leggere

liberare 12 ▲ befreien, freilassen; entbinden

imitare 12 ▲ ein-, begrenzen;
ein-, beschränken

iquefare 20 ▲ verflüssigen,
flüssig machen
(1. Pers. Präs. a. liquefò,
liquefo)

liquidare 12 ▲ bezahlen, begleichen; auszahlen; ausverkaufen

lisciare 11 ▲ glätten; polieren

litigare 10 ▼ streiten

logorare 12 ▲   abnutzen, ver-
schleißen
lubrificare 10 ▲   (ab)schmieren
lucidare 12 ▲   glänzend machen;
putzen; polieren
lusingare 10 ▼   schmeicheln

M
macerare 12 ▲   auflösen, auf-
weichen
macinare 12 ▲   mahlen; fressen
magnificare 10 ▲   verherrlichen,
preisen
maledire 19 ▲   verdammen, ver-
fluchen
mancare (*itr. ausil.:* **essere**) 10 ▲
fehlen, abwesend sein; ver-
säumen
mancare (*tr. ausil.:* **avere**) 10 ▲
verfehlen; verpassen
maneggiare 11 ▲   bearbeiten;
handhaben, umgehen
mangiare 11 ▲   essen; fressen;
verbrauchen; verschlingen
manipolare 13 ▲   manipulieren
mansuetare 20 ▲   zähmen
mantenere 25 ▼   (er)halten;
unterhalten, ernähren; aushalten;
behaupten
marcare 10 ▲   kennzeichnen,
markieren
marciare 11 ▲   marschieren;
laufen, gehen
mascherare 12 ▲   kostümieren,
verkleiden
masticare 10 ▲   kauen; murmeln;
radebrechen
meditare 12 ▲   meditieren; nachdenken, bedenken; planen, ausdenken
mendicare 10 ▲   betteln,
erflehen
mentire (*ausil.:* **avere**) 34 ▲
lügen
meravigliare 14 ▼   verwundern,
erstaunen
meritare 12 ▲   verdienen; ein-
bringen; sich lohnen
mescolare 12 ▲   (ver)mischen
messo *s.* **mettere**

mettere 30 [26]   setzen; stellen;
legen
minacciare 11 ▲   bedrohen,
drohen
mischiare 14 ▼   (ver)mischen
misi *s.* **mettere**
mistificare 10 ▲   täuschen, irre-
führen; fälschen
mitigare 10 ▼   mildern, lindern,
dämpfen
moderare 12 ▲   vermindern,
mäßigen; einschränken
modificare 10 ▲   (ab-, um-,
ver)längern, modifizieren
moltiplicare 10 ▲   multiplizieren,
vervielfachen, vermehren
mordere 31 [47]   beißen;
stechen
morire 36 ▲   sterben; eingehen
mormorare 12 ▲   murmeln,
flüstern; munkeln
morsi *s.* **mordere**
morsicare 10 ▲   beißen
morso *s.* **mordere**
morto *s.* **morire**
mossi, -so *s.* **muovere**
movevo *s.* **muovere**
mugghiare 14 ▼   muhen, brüllen;
heulen
muggire 34 ▲   muhen, brüllen
mungere (*ausil.:* **avere**) 29 [24]
melken
munire 34 ▲   versehen, ausrüsten, ausstatten
munsi, munto *s.* **mungere**
muoio *s.* **morire**
muore, muori *s.* **morire**
muovere 20 ▼   bewegen
mutilare 12 ▲   verstümmeln;
entstellen

N
nacqui *s.* **nascere**
nascere 30 [27]   geboren werden;
keimen
nascondere 30 [28]   verstecken,
verbergen; verheimlichen
nascosi *s.* **nascondere**
nascosto *s.* **nascondere**
nato *s.* **nascere**

naufragare (*ausil.:* **avere/essere**) 10 ▼ Schiffbruch erleiden; scheitern

navigare 10 ▼ zur See fahren; fliegen

negare 10 ▼ verneinen; (ab)leugnen, abstreiten

neglessi, negletto *s.* **negligere**

negligere 29 [15] vernachlässigen

nevicare (*ausil.:* **avere/essere**) 10 ▲ schneien

nitrire 34 ▲ wiehern

nociuto *s.* **nuocere**

nocqui *s.* **nuocere**

noleggiare 11 ▼ vermieten; verleihen; mieten

nominare 12 ▲ nennen, (be)nennen; erwähnen

notificare 10 ▲ bekannt geben, mitteilen; anmelden

numerare 12 ▲ nummerieren

nuocere 30 [29] schaden, Schaden zufügen, schädlich sein

nutrire (*ausil.:* **avere**) 33 *od.* 34 ▲ nähren, ernähren; fördern, pflegen

O

obbedire *s.* **ubbidire**

obbligare 10 ▼ zwingen; verpflichten

occorrere (*ausil.:* **essere**) 28 [10] erforderlich sein, benötigt werden; müssen

occupare 12 ▲ besetzen, einnehmen; beziehen; innehaben; beanspruchen

odo *s.* **udire**

odiare 14 ▼ hassen

offendere 30 [35] beschädigen; verletzen; beleidigen, kränken

offersi, -ferto *s.* **offrire**

offesi, -so *s.* **offendere**

offrire 36 ▼ anbieten; bieten; offerieren; schenken

oltraggiare 11 ▼ beleidigen, beschimpfen

omettere 30 [26] aus-, weglassen; unterlassen

ondeggiare 11 ▼ schwanken, schaukeln; wogen

ondulare 12 ▲ wellen, in Wellen legen

operare 12 ▲ bewirken, tun; vollbringen; wirken; operieren

oppongo *s.* **opporre**

opporre 22 ▲ entgegenhalten, einwenden; entgegensetzen, -stellen

opposi, -posto *s.* **opporre**

oppressi, -so *s.* **opprimere**

opprimere 29 [13] unterdrücken, niederdrücken; bedrücken

ordinare 12 ▲ ordnen, aufräumen; befehlen, anordnen; ordern, bestellen

origliare 14 ▼ lauschen, horchen

ospitare 12 ▲ Gastfreundschaft gewähren; aufnehmen, beherbergen

ossidare 12 ▲ oxidieren

ossigenare 13 ▲ Sauerstoff zuführen

ostruire 34 ▲ verschließen, verstopfen; versperren

ottenere 25 ▼ erlangen, erreichen, erzielen

P

pacificare 10 ▲ versöhnen, beruhigen, besänftigen

pagare 10 ▼ (be)zahlen; auszahlen einzahlen

paio *s.* **parere**

palpitare 12 ▲ zucken; schlagen, klopfen; pulsieren

paragrafare 13 ▲ in Abschnitte einteilen, paragrafieren

parcheggiare 11 ▼ parken

pareggiare 11 ▼ einebnen; ausgleichen; begleichen

parere 21 ▲ scheinen, erscheinen, aussehen; meinen, glauben

parso *s.* **parere**

partecipare 13 ▲ teilnehmen; sich beteiligen; Anteil nehmen

parteggiare 11 ▼ Partei nehmen/ergreifen

partire 33 weggehen; abreisen; losgehen

parvi *s.* **parere**

pascolare 12 ▲   hüten, weiden

passeggiare 11 ▼
spazieren(gehen)

patire 34 ▲   erleiden, ertragen;
leiden

patteggiare 11 ▼   aushandeln,
verhandeln

pattinare 12 ▲   Rollschuh/Schlitt-
schuh laufen, Eis laufen

peccare 10 ▲   sündigen; Fehler
begehen

penetrare 12 ▲   eindringen; einbrechen

pentirsi 33   bereuen

percepire 34 ▲   bekommen,
beziehen; wahrnehmen

percorrere (*ausil.:* **avere**) 28 [10]
durchqueren, durchstreifen

percossi, -so *s.* **percuotere**

percuotere 20 ▼   schlagen,
prügeln

perdere 30 [30]   verlieren; verpassen; vergeuden

perire (*ausil.:* **essere**) 34 ▲

permeare 12 ▲   durchdringen

permettere 30 [26]   erlauben,
zulassen, gestatten

perquisire 34 ▲   durchsuchen

perseguire (*ausil.:* **avere**) 33
verfolgen, anstreben

perseguitare 13 ▲   verfolgen;
belästigen; plagen, quälen

perseverare 13 ▲   beharren; aus-
harren

persi *s.* **perdere**

persistere 32 [62]   beharren,
bestehen

perso *s.* **perdere**

persuadere 30 [31]   überzeugen,
überreden

persuasi, -so *s.* **persuadere**

pervenire 39 ▼   gelangen;
ankommen; eingehen

pervertire (*ausil.:* **avere**) 33   verderben

pescare 10 ▲   fischen, angeln;
aufgabeln

pettinare 12 ▲   kämmen,
frisieren

piaccio *s.* **piacere**

piacere 21 ▼   gefallen, zusagen,
passen

piacqui *s.* **piacere**

piangere 30 [32]   weinen

piansi, pianto *s.* **piangere**

picchiare 14 ▼   schlagen; ver-
prügeln; klopfen

piegare 10 ▼   biegen, krümmen,
beugen

pigiare 11 ▼   stoßen, drücken

pigliare 14 ▼   sich schnappen

piovere (*nur 3. Pers.*) (*ausil.:*
avere/essere) 16   regnen
(*pass. rem.:* **piovve, piovvero**)

pizzicare 10 ▲   kneifen, zwicken;
stechen; bohren

poggiare 11 ▼   (an)lehnen;
stehen, ruhen

poltrire 34 ▲   sich im Bett räkeln;
faulenzen

ponderare 12 ▲   er-, abwägen,
in Erwägung ziehen

pone *s.* **porre**

pongo *s.* **porre**

poni *s.* **porre**

popolare 12 ▲   bevölkern,
besiedeln; bewohnen

porgere 30 [33]   geben, reichen;
darlegen, vortragen

porre 22 ▲   stellen, legen, setzen;
richten

porsi *s.* **porgere**

porto *s.* **porgere**

posi *s.* **porre**

posporre 22 ▲   nach-, zurück-
stellen

possa *s.* **potere**

possedere 24 ▲   besitzen, haben;
verfügen über

posso *s.* **potere**

posteggiare 11 ▼   parken

posto *s.* **porre**

potere 7 ▼   können; vermögen,
imstande sein; dürfen

praticare 10 ▲   praktizieren, in die
Praxis umsetzen; machen, durchführen

precipitare (*tr. ausil.:* **avere**) 13 ▲
hinab-, hinunterstürzen; über-
stürzen

precipitare (*itr. ausil.:* **essere**) 13
▲ (herab)stürzen, -fallen,
abstürzen

precludere 28 [6] (ver)sperren;
verbauen

preclusi, -so *s.* **precludere**

precorrere 28 [10] vorwegnehmen, zuvorkommen

predetto *s.* **predire**

predicare 10 ▲ predigen; lehren

predico *s.* **predire**

predilessi, -letto *s.* **prediligere**

prediligere 29 [15] vorziehen,
bevorzugen

predire 19 ▲ vorher-, voraussagen

predominare 13 ▲ vorherrschen,
überwiegen; herrschen

preferire 34 ▲ vorziehen, lieber
mögen

prefiggere 30 [34] festsetzen

prefiggersi 30 [34] sich vorneh-
men

prefissi, -so *s.* **prefiggere**

pregare 10 ▼ beten zu; bitten;
ersuchen

pregiarsi 11 ▼ sich beehren

pregiudicare 10 ▲ beeinträchti-
gen; schaden

preludere 28 [6] hindeuten; hinführen

prelusi, -so *s.* **preludere**

premettere 30 [26] voraus-
schicken

prendere 30 [35] nehmen;
(er)greifen, fassen

preoccupare 13 ▲ beunruhigen

preporre 22 ▲ vor(an)setzen;
an die Spitze stellen; vorziehen

prescrivere 31 [46] verjähren lassen; verschreiben, verordnen

presi, preso *s.* **prendere**

presumere 28 [4] annehmen, vermuten; sich anmaßen

presunsi, -sunto *s.* **presumere**

presupporre 22 ▲ vermuten,
annehmen; voraussetzen

pretendere 30 [35] verlangen, beanspruchen, fordern; behaupten

prevalere (*ausil.:* **avere/essere**) 26
▼ überwiegen, vorherrschen

prevedere 27 ▲ voraussehen

prevenire (*ausil.:* **avere**) 39 ▼
zuvorkommen; vorwegnehmen;
vorbeugen

principiare (*ausil.:* **avere/essere**)
14 ▼ beginnen, anfangen

privilegiare 11 ▼ privilegieren;
bevorzugen

prodotto, -duco *s.* **produrre**

produrre 18 ▲ erzeugen, produ-
zieren; herstellen; verursachen,
hervorrufen

produssi *s.* **produrre**

profondersi 29 [23] sich ergehen,
um sich werfen

progredire (*ausil.:* **avere/essere**)
34 ▲ fortschreiten; Fortschritte
machen

proibire 34 ▲ verbieten, untersagen

prolungare 10 ▼ verlängern

promettere 30 [26] versprechen;
aussehen nach

promulgare 10 ▼ erlassen; verbreiten, verkünden

promuovere 20 ▼ anregen, fördern; initiieren; befördern

pronosticare 10 ▲ voraussagen,
ankündigen

pronunciare 11 ▲ aussprechen

pronunziare 14 ▼ aussprechen

propagare 10 ▼ verbreiten,
propagieren

proporre 22 ▲ vorschlagen, vor-
bringen

prorogare 10 ▼ aufschieben,
verlängern; stunden

prorompere 31 [43] hervor-
brechen; ausbrechen

prosciogliere 23 ▼ befreien, los-
sprechen, freisprechen

prosciugare 10 ▼ austrocknen;
trockenlegen

proscrivere 31 [46] verbannen,
ächten; verbieten, abschaffen

proseguire (*ausil.:* **avere**) 33
fortsetzen, weiterführen; weitermachen

prosperare 12 ▲ gedeihen

proteggere 29 [25] (be)schützen

protendere 30 [35]   hin-, vor-, ausstrecken
protesi, -so s. **protendere**
protessi, -tetto s. **proteggere**
protrarre 26 ▲   hinausziehen, in die Länge ziehen
provenire 39 ▼   (her)kommen; (her-, ab)stammen
provocare 10 ▲   hervorrufen, ver- ursachen; reizen, provozieren
provvedere 27 ▲   sich kümmern, sorgen; versorgen
(*Futur u. Kond. sind regelmäßig*)
pubblicare 10 ▲   veröffentlichen, publizieren, herausgeben
pulire   34 ▲   sauber machen, putzen, reinigen
pungere (*ausil.:* **avere**) 29 [24] stechen; brennen; kratzen; beißen
punire 34 ▲   (be)strafen
punsi s. **pungere**
punteggiare 11 ▼   lochen, punktieren; durchsetzen, unter- brechen
punto s. **pungere**
può s. **potere**
puoi s. **potere**
purgare 10 ▼   reinigen; entschär- fen; ein Abführmittel geben
purificare 10 ▲   klären, reinigen; läutern
putrefare 20 ▲   faulen, verwesen

Q

qualificare 10 ▲   bezeichnen, kennzeichnen; beurteilen; befähigen

R

rabbrividire (*ausil.:* **essere**) 34 ▲ erschaudern
racchiudere 28 [6]   enthalten
raccogliere 23 ▼   aufheben; ernten; einheimsen; sammeln
raccomodare 13 ▲   instand setzen, reparieren
raccorciare 11 ▲   (ver)kürzen
radere 30 [36]   rasieren; abholzen, abhauen; auslöschen, tilgen

radicare 10 ▲   sich einwurzeln, Wurzeln schlagen
raggiare 11 ▼   leuchten, strahlen; ausstrahlen
raggiungere (*ausil.:* **avere**) 29 [24] erreichen; einholen; treffen
rapire 34 ▲   entführen; rauben; hinreißen
raschiare 14 ▼   (ab)schaben, abkratzen
rasi, raso s. **radere**
rassomigliare (*ausil.:* **avere/ essere**) 14 ▼   gleichen, ähneln, ähnlich sein
ravvolgere 32 [54]   wickeln, ein- wickeln, umhüllen
reagire 34 ▲   reagieren
recare 10 ▲   bringen; tragen; bewirken, verursachen
recarsi 10 ▲   sich begeben; sich wenden
recidere 28 [12]   (ab)schneiden
recingere 29 [22]   umgeben, umschließen
recisi, -so s. **recidere**
recitare 12 ▲   rezitieren, vor- tragen; deklamieren
redassi s. **redigere**
redatto s. **redigere**
redensi s. **redimere**
redento s. **redimere**
redigere 30 [37]   verfassen, abfassen; bearbeiten, redigieren
redimere 30 [38]   erlösen, befreien
refrigerare 13 ▲   kühlen
reggere 29 [25]   halten, stützen, tragen; fest-, standhalten; regieren
regolare 12 ▲   regeln, ordnen
rendere 31 [39]   zurückgeben, -erstatten; erweisen; machen
repellere 29 [20]   abstoßen
replicare 10 ▲   wiederholen; wiederaufführen; erwidern
repressi, -so s. **reprimere**
reprimere 29 [13]   unterdrücken
repulsi, -so s. **repellere**
reputare 12 ▲   erachten/halten für

requisire 34 ▲ requirieren, beschlagnahmen

rescindere 30 [34] aufheben, annullieren, für ungültig erklären

rescissi, -so s. **rescindere**

resi s. **rendere**

resistere 32 [63] Widerstand leisten; ertragen, aushalten; standhalten

reso s. **rendere**

respingere 31 [49] zurückdrängen, abwehren; zurückweisen

ressi s. **reggere**

restituire 34 ▲ zurückgeben, -erstatten; erwidern

restringere 31 [50] enger machen; einschränken, begrenzen

rettificare 10 ▲ begradigen; richtig stellen; schleifen

retto s. **reggere**

revocare 10 ▲ widerrufen

riaprire 35 ▲ wieder (er)öffnen; wieder beginnen

riassumere 28 [4] wiedereinstellen; zusammenfassen, nacherzählen

riavere 5 wiederbekommen; wiedererlangen
(*Präs.:* **riò, riai, rià, rianno**)

ricercare 10 ▲ erforschen; forschen nach

richiedere 28 [5] wiederverlangen; beantragen; verlangen; erfordern

ricominciare (*ausil.:* **avere/essere**) 11 ▲ wieder anfangen

riconoscere 28 [9] wieder erkennen; unterscheiden; einsehen, zugeben

ricoprire 35 ▲ wieder zudecken; abdecken; überhäufen; bekleiden

ricoverare 13 ▲ einliefern

ricuperare 13 ▲ wiedererlangen, -erhalten; zurückgewinnen

ridare 13 ▼ wiedergeben, zurückgeben
(*1. Pers. Präs.* **ridò**)

ridere 31 [40] lachen

ridotto, -duco s. **ridurre**

ridurre ⁻8 ▲ verringern; herabsetzen; reduzieren; kürzen

riscossi, -so s. **riscuotere**

ridussi s. **ridurre**

riesco s. **riuscire**

rievocare 10 ▲ wieder wachrufen

riferire (*ausil.:* **avere**) 34 ▲ berichten, mitteilen; zuschreiben; beziehen

riflessi, -so s. **riflettere**

risi, riso s. **ridere**

riflettere 31 [41] reflektieren; widerspiegeln

riflettere 31 [41] überlegen, nachdenken

rifugiarsi 11 ▼ (sich) flüchten

rifulgere 29 [20] funkeln, glänzen, leuchten

rigare (*ausil.:* **essere**) 10 ▼ liniieren

rigenerare 13 ▲ wieder hervorbringen; regenerieren; wiederherstellen

rilasciare 11 ▲ ausstellen; entspannen; freilassen

rilegare 10 ▼ binden

rileggere 29 [25] wieder lesen; durchlesen

rimaneggiare 11 ▼ umarbeiten, umstellen

rimanere 22 ▼ bleiben; übrig bleiben; verbleiben

rimango s. **rimanere**

rimarcare 10 ▲ bemerken, hervorheben

rimarrò s. **rimanere**

rimasi s. **rimanere**

rimasto s. **rimanere**

rimediare 14 ▼ wieder gutmachen, beheben

rimettere 30 [26] wieder setzen; wieder (aus)stellen; anvertrauen

rimorchiare 14 ▼ abschleppen; mitschleifen

rimpiangere 30 [32] nachtrauern

rimproverare 13 ▲ tadeln

rimuovere 20 ▼ wegschaffen, forträumen: abbringen; entfernen

rinchiudere 28 [6] einschließen; einsperren

rincorrere 28 [10]   verfolgen, nachlaufen

rincrescere (*ausil.:* **essere**) 28 [11] bedauern, Leid tun

rinfrescare (*tr. ausil.:* **avere**) 10 ▲ abkühlen (lassen)

rinfrescare (*itr. ausil.:* **essere**) ▲ kühler werden, sich abkühlen

ringraziare 14 ▼   danken, sich bedanken

rinnegare 10 ▼   verleugnen; abweichen von; verstoßen

rotto *s.* **rompere**

rinunciare 11 ▲   verzichten auf

rinunziare 14 ▼   verzichten auf

rinvenire (*tr. ausil.:* **avere**) 39 ▼ wieder finden, entdecken

rinvenire (*itr. ausil.:* **essere**) 39 ▼ wieder zu sich kommen; sich erholen

rinvigorire (*tr. ausil.:* **avere**) 34 ▲ wieder stark machen; kräftigen, stärken

rinvigorire (*itr. ausil.:* **essere**) 34 ▲ wieder erstarken

ripartire 33   wieder abreisen

ripartire 34 ▲   teilen, aufteilen, einteilen

ripiegare 10 ▼   zusammenfalten, -legen

riporre 22 ▲   zurücklegen, zurück tun, wegtun

riprendere 30 [35]   wieder nehmen; zurücknehmen; wieder beginnen

riprodurre 18 ▲   reproduzieren; vervielfältigen, abdrucken

risalire 37 ▼   wieder hinaufgehen

risarcire 34 ▲   entschädigen

rischiare 14 ▼   riskieren, aufs Spiel setzen

riscossi *s.* **riscuotere**

riscrivere 31 [46]   wieder schreiben, erneut schreiben

riscuotere 20 ▼   kassieren, einnehmen; erzielen; ernten

risentire (*ausil.:* **avere**) 33 wieder (an)hören; empfinden; verspüren

risi, riso *s.* **ridere**

risolsi, -solto *s.* **risolvere**

risolvere 28 [3]   lösen; zerstreuen; auflösen; zustande bringen

risorgere (*ausil.:* **avere**) 31 [45] auferstehen; wieder auftauchen/ aufgehen

risparmiare 14 ▼   haushalten mit; einsparen; schonen; sparen

rispondere 31 [42]   antworten; widersprechen; bürgen; Rechenschaft ablegen

risposi *s.* **rispondere**

risposto *s.* **rispondere**

ristabilire 34 ▲   wiederherstellen

ristretto *s.* **restringere** *u.* **ristringere**

ristringere 31 [50]   enger machen; einschränken, begrenzen

risvegliare 14 ▼   wieder (aus)wecken; wieder wachrufen; wieder erwachen

ritenere 25 ▼   halten für; einbehalten; behalten

ritoccare 10 ▲   überarbeiten; nachziehen; auffrischen

ritrarre 26 ▲   zurückziehen; abbilden, darstellen; widerrufen

riunire 34 ▲   wieder vereinen; versammeln; versöhnen

riuscire 37 ▲   es schaffen, es fertigbringen; erfolgreich sein

rivedere 27 ▲   wiedersehen; durchsehen; durchlesen

rivestire (*ausil.:* **avere**) 33   verkleiden, beziehen; einkleiden; einnehmen

rivolgere 32 [54]   wenden; richten; abwenden

rivoltolare 13 ▲   sich auflehnen

rodere 28 [6]   nagen; zerfressen

rompere 31 [43]   brechen; zerbrechen; sprengen

rosi, roso *s.* **rodere**

rosolare 12 ▲   anbraten

rotolare (*tr. ausil.:* **avere/essere**) 12 ▲   rollen

rotto *s.* **rompere**

rovesciare 11 ▲   verschütten, vergießen; umwerfen,- stoßen

ruggire 34 ▲ brüllen
rumoreggiare 11 ▼ lärmen,
dröhnen; brausen; murren
ruppi s. **rompere**

S

sa s. **sapere**
saccheggiare 11 ▼ plündern;
ausrauben; sich aneignen
sacrificare 10 ▲ opfern
saggiare 11 ▼ prüfen; auf die
Probe stellen
sai s. **sapere**
salgo s. **salire**
salire 37 ▼ er-, besteigen;
(hoch)steigen; steigen; einsteigen
sanno s. **sapere**
santificare 10 ▲ heiligen, ehren;
heilig sprechen
sapere 23 ▲ wissen, kennen;
können, beherrschen; erfahren
sappi, sappia s. **sapere**
sappiamo s. **sapere**
sarò s. **essere**
sbagliare 14 ▼ verfehlen; verwechseln
sbalordire 34 ▲ verblüffen, aus
der Fassung bringen
sbarcare (*tr. ausil.:* **avere**) 10 ▲
an Land bringen; löschen;
absetzen
sbarcare (*itr. ausil.:* **essere**) 10 ▲
an Land gehen
sboccare 10 ▲ münden; kommen,
gelangen
sbocciare (*ausil.:* **essere**) 11 ▲
aufblühen
sbrigare 10 ▼ erledigen,
besorgen; abfertigen
sbrigarsi 10 ▼ sich beeilen
sbucare (*ausil.:* **essere**) 10 ▲
heraus-, hervorkommen
sbucciare 11 ▲ schälen; aufschürfen
scacciare 11 ▲ vertreiben, verjagen
scadere 17 ▼ verfallen, ablaufen;
sinken
scalpitare 12 ▲ stampfen, schar-
ren; ungeduldig sein

scambiare 14 ▼ verwechseln,
vertauschen; austauschen
scaricare 10 ▲ entladen
scaturire (*ausil.:* **essere**) 34 ▲
heraussprudeln; hervorkommen;
entspringen
scegliere 23 ▼ aussuchen, aus-
wählen
scelgo, scelsi, scelto s. **scegliere**
scendere (*itr. ausil.:* **essere**) 31
[44] hinuntergehen, hinabstei-
gen; absteigen
scendere (*tr. ausil.:* **avere**) 31
[44] hinabsteigen, herunter-
kommen
scesi, sceso s. **scendere**
schermire 34 ▲ schützen;
fechten
schiacciare 11 ▲ zerdrücken,
zerquetschen; knacken
schiarire (*tr. ausil.:* **avere**) 34 ▲
aufhellen, hell(er) machen
schiarire (*itr. ausil.:* **essere**) 34 ▲
hell(er) werden
schiudere 28 [6] öffnen, auf-
machen
sciare 14 ▲ Ski laufen/fahren
scindere 30 [34] (auf)spalten
sciogliere 23 ▼ losmachen,
lösen; befreien; schmelzen; ein-
lösen
sciolgo, sciolsi, sciolto s.
sciogliere
scioperare 12 ▲ streiken
scissi, -so s. **scindere**
scivolare (*ausil.:* **avere/essere**) 12
▲ (aus)rutschen; gleiten,
rutschen
scommettere 30 [26] wetten
scomodare 12 ▲ stören, belästigen; bemühen
scomparire (*ausil.:* **avere/essere**)
34 ▼ verschwinden; gering
erscheinen
scompigliare 14 ▼ in Unordnung
bringen
scomporre 22 ▲ durcheinander
bringen; zerzausen, zerraufen
sconvolgere 32 [54] erschüttern,
durcheinander bringen

scoppiare (*ausil.:* **essere**) 14 ▼
ausbrechen; hochgehen, explodieren; platzen

scoprire 35 ▲   auf-, abdecken;
enthüllen; entdecken

scoraggiare 11 ▼   entmutigen

scorciare 11 ▲   abkürzen

scorgere 31 [45]   erblicken

scorrere (*ausil.:* **essere**) 28 [10]
fließen; laufen; vergehen, ver-
rinnen

scorsi *s.* **scorgere, scorrere**

scorso *s.* **scorrere**

scorticare 10 ▲   ab-, aufschürfen;
abziehen

scorto *s.* **scorgere**

scossi, -so *s.* **scuotere**

screditare 12 ▲   diskreditieren,
in Misskredit geraten, sich bla-
mieren

screpolare 12 ▲   rissig machen

scrissi *s.* **scrivere**

scritto *s.* **scrivere**

scrivere 31 [46]   (auf-, nieder)
schreiben

scrosciare (*ausil.:* **avere/essere**)
11 ▲   tosen, brausen

scucire (*ausil.:* **avere**) 33   auf-
trennen
(*1. Pers. Präs.* **scucio**)

scuotere 20 ▼   schütteln;
erschüttern

sdraiare 14 ▼   (hin)legen; nieder-
strecken

sdrucciolare (*ausil.:* **essere**) 12 ▲
ausrutschen, ausgleiten

seccare (*ausil.:* **essere**) 10 ▲
trocknen, trockenlegen

sedere 24 ▲   sitzen

sedotto, -duco *s.* **sedurre**

sedurre 18 ▲   verführen; ver-
locken

sedussi *s.* **sedurre**

seggo *s.* **sedere**

segregare 10 ▼   absondern

seguire (*ausil.:* **avere**) 33   folgen,
verfolgen; kommen nach

seguitare 12 ▲   fortsetzen,
weitermachen

sei *s.* **essere**

selciare 11 ▲   pflastern

seminare 12 ▲   (aus)säen;
abschütteln

semplificare 10 ▲   vereinfachen;
kürzen

sentire (*ausil.:* **avere**) 33   hören,
zuhören; riechen; schmecken;
spüren, fühlen

sepolto *s.* **seppellire**

seppe *s.* **sapere**

seppellire 34 ▲   begraben, bei-
setzen
(*Part.* **sepolto**)

seppi *s.* **sapere**

servire (*ausil.:* **avere/essere**) 33
dienen; bedienen; servieren;
bedienen

sfasciare 11 ▲   zertrümmern, zerstören

sfasciare 11 ▲   den Verband
abnehmen von

sfiorire (*ausil.:* **essere**) 34 ▲
(ver)welken, verblühen

sfogare (*ausil.:* **essere**) 10 ▼
abreagieren, herauslassen; aus-
strömen

sfogliare 14 ▼   durchblättern;
entblättern

sfuggire (*ausil.:* **avere**) 34 ▲
entkommen, entgehen, ent-
wischen

sganciare 11 ▲   abhängen,
-kuppeln; abwerfen; herausrücken

sgangherare 12 ▲   aus den
Angeln heben

sgomb(e)rare 12 ▲   räumen,
abräumen

sgualcire 34 ▲

sguisciare (*ausil.:* **essere**) 11 ▲
entgleisen

sia *s.* **essere**

siamo *s.* **essere**

siano *s.* **essere**

siate *s.* **essere**

sibilare 12 ▲   zischen

siedo *s.* **sedere**

siete *s.* **essere**

significare 10 ▲   bedeuten

sii *s.* **essere**

slogare 10 ▼   aus-, verrenken

smacchiare 14 ▼   die Flecken
entfernen
smarrire 34 ▲   verlegen
smettere 30 [26]   ablegen; auf-
geben; abbrechen
so *s.* **sapere**
socchiudere 28 [6]   anlehnen
soccorrere 28 [10]   helfen, zu
Hilfe eilen
soddisfare 20 ▲   zufrieden
stellen, befriedigen
(*1. Pers. Präs. a.* **soddisfò,
soddisfo**)
soffersi, -io *s.* **soffrire**
soffiare 14 ▼   blasen; wehen;
schnaufen
soffocare 10 ▲   ersticken
soffriggere 29 [25]   anbraten,
anrösten
soffrire 38 ▲   leiden, erleiden;
leiden an; ertragen
soggiungere (*ausil.:* **avere**) 29 [24]
hinzufügen
sogli *s.* **solere**
solcare 10 ▲   durchpflügen,
durchziehen
soleggiare 11 ▼   bescheinen
solere 24 ▼   pflegen
solito *s.* **solere**
sollecitare 13 ▲   drängen;
ersuchen; bitten um; sich
bewerben um
solleticare 10 ▲   kitzeln;
reizen
somigliare 14 ▼   gleichen;
ähneln, ähnlich sein
sommergere 31 [47]   über-
schwemmen, überfluten
sommersi, -so *s.* **sommergere**
sonare *s.* **suonare**
sonnecchiare 14 ▼   schlummern
sono *s.* **essere**
soppressi, -so *s.* **sopprimere**
sopprimere 29 [13]   abschaffen;
aufheben
soprastare 15 (*1. Pers. Präs.*
soprastò)   überragen, höher
liegen, hervorstehen
sopravvenire 39 ▼   auftauchen;
plötzlich erscheinen

sopravvivere (*ausil.:* **essere**) 27 ▼
überleben
sorbire 34 ▲   schlürfen; ertragen
sorgere (*ausil.:* **essere**) 31 [45]
aufgehen; sich erheben, emporragen
sorprendere 30 [35]   über-
raschen, ertappen, erwischen
sorreggere 29 [25]   stützen;
aufrecht erhalten
sorridere 31 [40]   lächeln;
zulächeln
sorsi *s.* **sorgere**
sorteggiare 11 ▼   auslosen;
verlosen
sortire 34 ▲   erhalten
sortire 33   ausgehen
sorto *s.* **sorgere**
sorvegliare 14 ▼   überwachen;
beaufsichtigen
sospendere 34 [35]   in der
Schwebe sein
sospesi, -so *s.* **sospendere**
sospingere 31 [49]   treiben;
antreiben
sostenere 25 ▼   stützen, halten,
tragen; ertragen
sostituire 34 ▲   austauschen,
auswechseln; ersetzen
sottomettere 30 [26]   unterwerfen
sottoporre 22 ▲   unterbreiten,
vorlegen; unterziehen
sottoscrivere 31 [46]   unter-
schreiben, unterzeichnen
sottrarre 26 ▲   subtrahieren,
abziehen; unterschlagen
sovrastare (*ausil.:* **avere/essere**) 9
beherrschen,; bedrohen
sovvenire (*ausil.:* **avere/essere**)
39 ▼
sovvertire (*ausil.:* **avere**) 33
umstürzen, zerrütten
spaccare 10 ▲   spalten, entzwei
schlagen; sprengen
spacciare 11 ▲   in Umlauf bringen, verbreiten
spandere 30 [32]   verschütten,
vergießen; ausbreiten, ausstreuen
sparecchiare 14 ▼   abdecken,
abräumen

spargere 31 [47] (aus-, ver-) streuen; ausstrahlen; verschütten; verbreiten

sparire (*ausil.*: **essere**) 34 ▲ verschwinden

sparsi, -so *s.* **spargere**

spartire 34 ▲ (auf-, ver)teilen

spazzolare 12 ▲ (ab-, aus)bürsten

specchiarsi 14 ▼ sich im Spiegel betrachten; sich spiegeln

speculare 12 ▲ spekulieren

spedire 34 ▲ schicken, senden, verschicken

spegnere 25 ▲ löschen, ausmachen; ausschalten; ausblasen; schwächen

spendere 31 [48] ausgeben; aufwenden; verwenden

spengo *s.* **spegnere**

spensi, spento *s.* **spegnere**

spesi, speso *s.* **spendere**

spiacere 21 ▼ nicht gefallen; missfallen

spiare 14 ▲ ausspionieren, ausspähen

spiccare 10 ▲ erlassen; ausstellen

spicciare (*ausil.*: **essere**) 11 ▲ schnell erledigen; abfertigen

spiegare 10 ▼ erklären, erläutern; ausbreiten

spigolare 12 ▲ stoppeln, einsammeln

spingere 31 [49] schieben; stoßen; drücken; antreiben

spinsi, spinto *s.* **spingere**

spogliare 14 ▼ ausziehen, entkleiden; berauben

spolverare 12 ▲ abstauben; bestäuben

sporcare 10 ▲ beschmutzen; besudeln; in den Schmutz ziehen

sporgere (*ausil.*: **essere**) 30 [33] vorstrecken, hinausstrecken

sporsi, sporto *s.* **sporgere**

sprecare 10 ▲ verschwenden, vergeuden

spregiare 14 ▼ verachten

spumeggiare 14 ▼ schäumen; moussieren

squalificare 10 ▲ disqualifizieren

sta *s.* **stare**

stabilire 34 ▲ festsetzen, -legen; beschließen, entscheiden

staccare 10 ▲ (ab-, los)lösen; ausspannen, abhängen; skandieren

stacciare 11 ▲ (durch)sieben

stai *s.* **stare**

stampigliare 14 ▼ (ab)stempeln

stancare 10 ▲ ermüden, müde machen; schwächen; stören

stanno *s.* **stare**

stare 15 sein; sich befinden; stehen; bleiben; gehen

starnutire 34 ▲ niesen

state *s.* **stare**

stato *s.* **essere** *u.* **stare**

steccare 10 ▲ schienen

stemmo *s.* **stare**

stendere 30 [35] ausstrecken; aufhängen; (ver)streichen

stenografare 13 ▲ stenografieren

stesi, steso *s.* **stendere**

stesse, stessi *s.* **stare**

steste, stesti *s.* **stare**

stette, stetti *s.* **stare**

stia *s.* **stare**

stiamo *s.* **stare**

stiano, stiate *s.* **stare**

stimolare 12 ▲ stimulieren, anregen, anreizen

stiracchiare 14 ▼ sparen an; verzerren, verdrehen, entstellen

sto *s.* **stare**

storcere 31 [45] verbiegen, krümmen; verziehen

stordire 34 ▲ betäuben

storsi, storto *s.* **storcere**

stracciare 11 ▲ zerreißen, zerfetzen; schlagen

strangolare 12 ▲ erdrosseln, erwürgen, strangulieren

strascicare 10 ▲ nachziehen; verschleppen

stravolgere 32 [54] verwirren, durcheinander bringen; verzerren, entstellen

straziare 14 ▼ quälen, peinigen, missbrauchen

strepitare 12 ▲   schreien, brüllen; Krach machen

stretto s. **stringere**

strigliare 14 ▼   striegeln

stringere 31 [50]   drücken; zusammenbeißen; ballen; enger machen; straffen

strinsi s. **stringere**

strisciare 11 ▲   kriechen, sich schlängeln; schleifen

stroncare 10 ▲   abreißen, abbrechen

stropicciare 11 ▲   reiben; zerknautschen, zerknittern

struggere 29 [18]   schmelzen; verzehren, auszehren

strussi, strutto s. **struggere**

stuccare 10 ▲   kitten, spachteln

studiare 14 ▼   lernen; studieren; untersuchen; beobachten

stupire (ausil.: **avere**) 34 ▲   (ver)wundern, erstaunen

stupirsi 34 ▲   sich wundern, staunen

stuzzicare 10 ▲   reizen, ärgern; anregen

subire 34 ▲   erleiden; sich unterziehen; tragen

succedere (ausil.: **essere**) 28 [7]   folgen, nachfolgen; geschehen, passieren

successi, -so s. **succedere**

succhiare 14 ▼   saugen, lutschen

suggerire 34 ▲   eingeben, einflüstern, suggerieren; raten, empfehlen

suole, suoli s. **solere**

suonare (ausil.: **avere/essere**) 13 ▲   spielen; schlagen; verhauen

superare 12 ▲   übertreffen, übersteigen; bestehen; überstehen; überwinden

supplicare 10 ▲   erflehen

supplire 34 ▲   ausgleichen, wettmachen

supporre 22 ▲   vermuten, annehmen

suscitare 12 ▲   reizen; hervorrufen

sussistere (ausil.: **avere/essere**) 32 [55]   bestehen, vorliegen

svegliare 14 ▼   wecken, aufmuntern; erwecken

svellere 31 [51]   ausreißen, entwurzeln

svelsi, svelto s. **svellere**

svenire 39 ▼   in Ohnmacht fallen

sventolare 12 ▲   schwingen, schwenken

sviare 14 ▲   verführen, ablenken, auf Abwege bringen

svolgere 32 [54]   abwickeln; auswickeln, auspacken; verrichten

svotare s. **svuotare**

svuotare 13 ▲

T

taccio s. **tacere**

tacere (ausil.: **avere**) 21 ▼   verschweigen, nicht sagen; schweigen

tacqui s. **tacere**

tagliare 14 ▼   (ab)schneiden; hacken; zuschneiden; amputieren; kürzen

targare 10 ▼   mit einem Nummernschild versehen

tartagliare 14 ▼   stammeln; stottern

telefonare 13 ▲   telefonieren, anrufen; telefonisch durchgeben

telegrafare 13 ▲   telegrafieren

tendere 30 [35]   spannen; aufspannen; anspannen; hinstrecken

tenere 25 ▼   halten; behalten; einhalten; enthalten

tengo s. **tenere**

tenni s. **tenere**

tergere 31 [47]   (ab)wischen, (ab)trocknen

terminare (tr. ausil.: **avere**) 12 ▲   beenden, abschließen; fertig stellen

terminare (itr. ausil.: **essere**) 12 ▲   zu Ende gehen, aufhören, enden

terrò s. **tenere**

tersi, terso s. **tergere**

tesi, teso s. **tendere**

testimoniare 14 ▼   bezeugen

tiene, tieni s. **tenere**
tingere 29 [22]   färben
tinsi, tinto s. **tingere**
tiranneggiare 11 ▼   tyrannisieren
titolare 12 ▲   e-n Titel verleihen,
  betiteln
toccare 10 ▲   berühren, anfassen;
  anrühren; drücken; erreichen;
  streifen
togliere 23 ▼   abnehmen, wegneh-
  men, entfernen; ziehen; ausziehen
tolgo s. **togliere**
tollerare 12 ▲   vertragen; ertragen, dulden; tolerieren
tolsi, tolto s. **togliere**
tonare (*ausil.:* **avere/essere**) 13 ▲
  donnern; wettern
torcere 31 [45]   (ver)drehen;
  (um)drehen, krümmen; biegen
torchiare 14 ▼   pressen
tornire 34 ▲   drechseln, drehen;
  (aus)feilen
torrefare 20 ▲   rösten, brennen
torsi, torto s. **torcere**
tossire (*ausil.:* **avere**) 34 ▲
  husten
traboccare (*ausil.:* **avere/essere**)
  10 ▲   überlaufen
tracciare 11 ▲   zeichnen, entwerfen; umreißen
tradire 34 ▲   verraten; betrügen;
  verfehlen; enttäuschen
tradotto, -duco s. **tradurre**
tradurre 18 ▲   übersetzen, übertragen; überführen; umsetzen;
  ausdrücken
tradussi s. **tradurre**
trae, trai s. **trarre**
trafficare 10 ▲   handeln; schieben
trafiggere 29 [25]   durchbohren
trafissi, -fitto s. **trafiggere**
traggo s. **trarre**
transatto s. **transigere**
transigere 32 [64]   beilegen;
  nachgeben; nachgeben
trapanare 12 ▲   (durch)bohren
trarre 26 ▲   (heraus)ziehen;
  führen; ausstoßen; ableiten
trasalire (*ausil.:* **avere/essere**) 34
   ▲   zusammenfahren

trascorrere 28 [10]   verbringen,
  vergehen
trascrivere 31 [46]   umschreiben;
  abschreiben; eintragen; transkri-
  bieren
trasferire 34 ▲   versetzen; verlegen; übertragen; transferieren
trasgredire 34 ▲   übertreten;
  zuwiderhandeln
traslocare 10 ▲   versetzen;
  umziehen
trasmettere 30 [26]   übertragen;
  übermitteln; weitergeben
trasparire 34 ▼   durchscheinen;
  durchblicken lassen
trasporre 22 ▲   umstellen,
  umsetzen
trassi s. **trarre**
trattenere 25 ▼   zurückhalten,
  aufhalten
tratto s. **trarre**
travagliare 14 ▼   quälen, plagen;
  leiden
travedere 27 ▲   s. versehen,
  sich irren, sich täuschen
travestire (*ausil.:* **avere**) 33   verkleiden; verwandeln
travolgere 32 [54]   fortreißen;
  überfahren; mitreißen
trebbiare 14 ▼   dreschen
tremolare 12 ▲   zittern, beben
trinciare 11 ▲   zerkleinern, zer-
  schneiden, zerlegen; tranchieren
triplicare 10 ▲   verdreifachen
troncare 10 ▲   abschneiden,
  abschlagen; abbrechen
troneggiare 11 ▼   thronen
truccare 10 ▲   verkleiden;
  schminken; (ver)fälschen; manipulieren
tumefare 20 ▲   schwellen
tuonare s. **tonare**
turbinare 12 ▲   wirbeln

U

ubbidire 34 ▲   gehorchen, folg-
  sam sein; folgen
uccidere 27 [52]   töten, umbrin-
  gen; ausrotten, vernichten
uccisi, -so s. **uccidere**

udire 38 ▼   hören, vernehmen;
erhören

uguagliare 14 ▼   gleichmachen,
angleichen; gleichstellen

ululare 12 ▲   heulen

umiliare 14 ▼   demütigen, ernied-
rigen; dämpfen, unterdrücken

ungere (*ausil.: avere*) 29 [24]   ein-
fetten, ölen; eincremen

unificare 10 ▲   (ver)einigen; ver-
einheitlichen

unire 34 ▲   verbinden, vereinigen,
zusammenfügen

unsi, unto s. **ungere**

uscire 39 ▲   hinausgehen; heraus-
kommen; aussteigen; ausgehen;
erscheinen

usufruire 34 ▲   nutznießen

V

va s. **andare**

vado s. **andare**

vagliare 14 ▼   abwägen, prüfen;
sieben

vai s. **andare**

valere 26 ▼   gelten; können, fähig
sein; wert sein

valgo s. **valere**

valicare 10 ▲   übersteigen, überschreiten, passieren

valsi, valso s. **valere**

vangare 10 ▼   umgraben,
umstechen

vanno s. **andare**

varcare 10 ▲   überschreiten

variare (*ausil.: avere/essere*) 14 ▼
verändern

varrò s. **valere**

vedere 27 ▲   sehen; ansehen,
betrachten; besichtigen; durchsehen

vegetare 12 ▲   wachsen;
(dahin)vegetieren

vegliare 14 ▼   wachen bei; wach
sein

veleggiare 11 ▼   segeln; segel-
fliegen

vendicare 10 ▲   rächen

venerare 12 ▲   verehren

vengo s. **venire**

venire 39 ▼   kommen; (an)kom-
men; abstammen; fallen

venni s. **venire**

ventilare 12 ▲   lüften; vorschlagen

venuto s. **venire**

verdeggiare 11 ▼   grünen

verificare 10 ▲   (nach-, über)prü-
fen, kontrollieren

verniciare 12 ▲   lackieren,
streichen

verrò s. **venire**

vestire (*ausil.: avere*) 33   anziehen, (an)kleiden; anhaben, tragen

viaggiare 11 ▼   reisen; fahren

vici s. **vedere**

viene, vieni s. **venire**

vigilare 12 ▲   überwachen;
wachen

vincere 32 [53]   gewinnen;
besiegen; überwinden, meistern

vinsi, vinto s. **vincere**

visitare 12 ▲   besuchen; besichtigen; untersuchen

vissi s. **vivere**

vissuto s. **vivere**

visto s. **vedere**

vivere 27 ▼   leben

viziare 14 ▼   verwöhnen, verziehen

vogli, voglia s. **volere**

voglio s. **volere**

volere 8   wollen, wünschen;
mögen; verlangen; fordern

volgere 32 [54]   lenken, wenden

volli s. **volere**

volsi, volto s. **volgere**

voltolare 12 ▲

vomitare 12 ▲   (er)brechen;
(aus)brechen; sich erbrechen

vorrò s. **volere**

votare 9   abstimmen

votare s. **vuotare**

vuoi s. **volere**

vuole s. **volere**

vuotare 13 ▲   leeren

Z

zincare 10 ▲   verzinken

zoppicare 10 ▲   hinken, humpeln;
lahmen, hinken

zufolare 12 ▲   pfeifen